독학 라틴어의 모든 것

카르페 라틴어

부록

Carpe Linguam Latinam Appendix

한동일

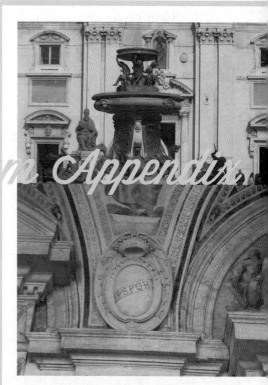

rpe Linguam Latinam Appendix

문예림

한동일

2001년 로마 유학길에 올라 교황청립 라테라노 대학교에서 2003년 교회법학 석사학위와 2004년 동대학원에서 교회법학 박사학위 모두를 최우등으로 취득했으며, 바티칸 대법원 로타 로마나(Rota Romana) 변호사 자격을 얻은 뒤 이탈리아 법무법인에서 일했다. 2010년부터 2016년까지 서강대학교에서 라틴어 강의를 맡아 진행했고, 이어 연세대학교 법무대학원에서 '유럽법의 기원'과 '로마법 수업'을 강의했다. 현재는 번역 및 집필 활동을 이어가고 있다.
<한동일의 라틴어 산책> <카르페 라틴어 한국어 사전> <라틴어 수업> <법으로 읽는 유럽사> <로마법 수업> <한동일의 공부법> 등을 짓고, <교부들의 성경 주해 로마서> <교회법률 용어사전> 등을 우리말로 옮겼다. <라틴어 수업>은 대만에서도 출간돼 화제를 모으고 있고, 일본에서도 출간과 동시에 어학 및 고대·중세·근대·르네상스 시대 서양사상 분야에서 1위에 오르며 아마존 저팬의 베스트셀러가 되었다.

카르페 라틴어 부록

초판 6쇄 인쇄 2023년 5월 16일
초판 6쇄 발행 2023년 5월 26일

지은이 한동일
펴낸이 서덕일
펴낸곳 도서출판 문예림

출판등록 1962년 7월 12일 제 2-110호
주소 경기도 파주시 회동길 366 3층(파주출판도시)
전화 02-499-1281.2 **팩스** 02-499-1283
전자우편 info@moonyelim.com **홈페이지** www.moonyelim.com

ISBN 978-89-7482-858-5(93790)
제1권, 제2권, 부록 세트

부록
Appendix

Appendix I.   변화표
Appendix II.   동사 활용표
Appendix III.   · 라틴어 속 숨은 재미: 라틴어 철자의 의미
Appendix IV.   그리스어, 라틴어 알파벳 비교
Appendix V.   단어장
Appendix VI.   해답

Tabellae Declinationum

변화표

명사

제1변화 명사

	sg.	pl.
nom.	-a	-ae
gen.	-ae	-arum
dat.	-ae	-is
acc.	-am	-as
abl.	-a	-is
voc.	-a	-ae

제2변화 명사

	sg.			pl.		
	m./f.	m.	n.	m./f.	m.	n.
nom.	-us	-er	-um	-i	-i	-a
gen.	-i	-i	-i	-orum	-orum	-orum
dat.	-o	-o	-o	-is	-is	-is
acc.	-um	-um	-um	-os	-os	-a
abl.	-o	-o	-o	-is	-is	-is
voc.	-e	-er	-um	-i	-i	-a

제3변화 명사

	sg.		pl.	
	m./f.	**n.**	**m./f.**	**n.**
nom.	다양	다양	-es	-a/-ia
gen.	-is	-is	-um/-ium	-um/-ium
dat.	-i	-i	-ibus	-ibus
acc.	-em/-im	주격과 동일	-es/-is	-a/-ia
abl.	-e/-i	-e, -i	-ibus	-ibus
voc.	주격과 동일	주격과 동일	-es	-a, -ia

제4변화 명사

	sg.		pl.	
	m./f.	**n.**	**m./f.**	**n.**
nom.	-us	-u	-us	-ua
gen.	-us	-us	-uum	-uum
dat.	-ui	-u	-ibus	-ibus
acc.	-um	-u	-us	-ua
abl.	-u	-u	-ibus	-ibus
voc.	-us	-u	-us	-ua

제5변화 명사

	sg.	pl.
nom.	-es	-es
gen.	-ei	-erum
dat.	-ei	-ebus
acc.	-em	-es
abl.	-e	-ebus
voc.	-es	-es

형용사

형용사 제1형

	sg.			pl.		
	m.	f.	n.	m.	f.	n.
nom.	-us, -er	-a	-um	-i	-ae	-a
gen.	-i	-ae	-i	-orum	-arum	-orum
dat.	-o	-ae	-o	-is	-is	-is
acc.	-um	-am	-um	-os	-as	-a
abl.	-o	-a	-o	-is	-is	-is
voc.	-e, -er	-a	-um	-i	-ae	-a

형용사 제2형

	sg.			pl.		
	m./f.		n.	m./f.		n.
nom.	-er, -is, 다양함	-is, 다양함	-e, 다양함	-es	-es	-ia
gen.	-is	-is	-is	-ium	-ium	-ium
dat.	-i	-i	-i	-ibus	-ibus	-ibus
acc.	-em	-em	-e	-es	-es	-ia
abl.	-i	-i	-i	-ibus	-ibus	-ibus
voc.	-er, -is	-is	-e	-es	-es	-ia

대명사

지시대명사: hic, iste, ille

	sg.			pl.		
	m.	f.	n.	m.	f.	n.
nom.	hic	haec	hoc	hi	hae	haec
gen.	huius	huius	huius	horum	harum	horum
dat.	huic	huic	huic	his	his	his
acc.	hunc	hanc	hoc	hos	has	haec
abl.	hoc	hac	hoc	his	his	his
nom.	iste	ista	istud	isti	istae	ista
gen.	istius	istius	istius	istorum	istarum	istorum
dat.	isti	isti	isti	istis	istis	istis
acc.	istum	istam	istud	istos	istas	ista
abl.	isto	ista	isto	istis	istis	istis
nom.	ille	illa	illud	illi	illae	illa
gen.	illius	illius	illius	illorum	illarum	illorum
dat.	illi	illi	illi	illis	illis	illis
acc.	illum	illam	illud	illos	illas	illa
abl.	illo	illa	illo	illis	illis	illis

지시 대명사: is, idem, ipse

	sg.			pl.		
	m.	f.	n.	m.	f.	n.
nom.	is	ea	id	ei(ii)	eae	ea
gen.	eius	eius	eius	eorum	earum	eorum
dat.	ei	ei	ei	eis(iis)	eis(iis)	eis(iis)
acc.	eum	eam	id	eos	eas	ea
abl.	eo	ea	eo	eis(iis)	eis(iis)	eis(iis)
nom.	idem	eadem	idem	iidem	eaedem	eadem
gen.	eiusdem	eiusdem	eiusdem	eorundem	earundem	eorundem
dat.	eidem	eidem	eidem	iisdem	iisdem	iisdem
acc.	eundem	eandem	idem	eosdem	easdem	eadem
abl.	eodem	eadem	eodem	iisdem	iisdem	iisdem
nom.	ipse	ipsa	ipsum	ipsi	ipsae	ipsa
gen.	ipsius	ipsius	ipsius	ipsorum	ipsarum	ipsorum
dat.	ipsi	ipsi	ipsi	ipsis	ipsis	ipsis
acc.	ipsum	ipsam	ipsum	ipsos	ipsas	ipsa
abl.	ipso	ipsa	ipso	ipsis	ipsis	ipsis

인칭대명사

1·2인칭 대명사

	1인칭		2인칭	
	sg.	**pl.**	**sg.**	**pl.**
nom.	ego	nos	tu	vos
gen.	mei	nostri/nostrum	tui	vestri/vestrum
dat.	mihi	nobis	tibi	vobis
acc.	me	nos	te	vos
abl.	me	nobis	te	vobis

3인칭 대명사: 앞의 지시대명사 "is, ea, id"로 대체하여 3인칭 대명사를 표기함

재귀대명사

	3 인칭	
	sg.	**pl.**
nom.	-	-
gen.	sui	
dat.	sibi	
acc.	se	
abl.	se	

관계대명사: qui, quae, quod

	sg.			pl		
	m.	**f.**	**n.**	**m.**	**f.**	**n.**
nom.	qui	quae	quod	qui	quae	quae
gen.	cuius	cuius	cuius	quorum	quarum	quorum
dat.	cui	cui	cui	quibus	quibus	quibus
acc.	quem	quam	quod	quos	quas	quae
abl.	quo	qua	quo	quibus	quibus	quibus

의문대명사: quis? quid?

	sg.		pl.	
	m./ f.	**n.**	**m./ f.**	**n.**
nom.	quis?	quid?	qui?	quae?
gen.	cuius?	cuius (rei)?	quorum?	quorum (quarum rerum)?
dat.	cui?	cui (rei)?	quibus?	quibus (rebus)?
acc.	quem?	quid?	quos?	quae?
abl.	quo?	quo (qua re)?	quibus?	quibus (rebus)?

Tabellae Coniugationum

동사 활용표

sum 이다, 존재하다

직설법		능동형	
		sg.	pl.
현재	1p	sum	sumus
	2p	es	estis
	3p	est	sunt
미완료	1p	eram	eramus
	2p	eras	eratis
	3p	erat	erant
미래	1p	ero	erimus
	2p	eris	eritis
	3p	erit	erunt
단순과거	1p	fui	fuimus
	2p	fuisti	fuistis
	3p	fuit	fuerunt(-ere)
과거완료	1p	fueram	fueramus
	2p	fueras	fueratis
	3p	fuerat	fuerant
미래완료	1p	fuero	fuerimus
	2p	fueris	fueritis
	3p	fuerit	fuerint

접속법		능동형	
		sg.	pl.
현재	1p	sim	simus
	2p	sis	sitis
	3p	sit	sint
미완료	1p	essem(forem)	essemus
	2p	esses	essetis
	3p	esset	essent
단순과거	1p	fuerim	fuerimus
	2p	fueris	fueritis
	3p	fuerit	fuerint
과거완료	1p	fuissem	fuissemus
	2p	fuisses	fuissetis
	3p	fuisset	fuissent

명령법		능동형	
		sg.	pl.
현재	2p	es	este
미래	2p	esto	estote
	3p	esto	sunto

부정법	능동형		
현재	esse		
과거	fuisse		
미래	futurum, -am, -um esse	futuros, -as, -a esse	cf. fore

분사	동명사	목적분사
현재: - 미래: futurus, -a, -um	-	-

제1활용 동사—laudo 칭찬하다

직설법		능동형		수동형	
		sg.	pl.	sg.	pl.
현재	1p	laud-o	laud-amus	laud-or	laud-amur
	2p	laud-as	laud-atis	laud-aris(-are)	laud-amini
	3p	laud-at	laud-ant	laud-atur	laud-antur
미완료	1p	laud-abam	laud-abamus	laud-abar	laud-abamur
	2p	laud-abas	laud-abatis	laud-abaris(-abare)	laud-abamini
	3p	laud-abat	laud-abant	laud-abatur	laud-abantur
미래	1p	laud-abo	laud-abimus	laud-abor	laud-abimur
	2p	laud-abis	laud-abitis	laud-aberis(-abere)	laud-abimini
	3p	laud-abit	laud-abunt	laud-abitur	laud-abuntur
단순과거	1p	laudav-i	laudav-imus	laudatus, -a, -um sum	laudati, -ae, -a sumus
	2p	laudav-isti	laudav-istis	laudatus, -a, -um es	laudati, -ae, -a estis
	3p	laudav-it	laudav-erunt	laudatus, -a, -um est	laudati, -ae, -a sunt
과거완료	1p	laudav-eram	laudav-eramus	laudatus, -a, -um eram	laudati, -ae, -a eramus
	2p	laudav-eras	laudav-eratis	laudatus, -a, -um eras	laudati, -ae, -a eratis
	3p	laudav-erat	laudav-erant	laudatus, -a, -um erat	laudati, -ae, -a erant
미래완료	1p	laudav-ero	laudav-erimus	laudatus, -a, -um ero	laudati, -ae, -a erimus
	2p	laudav-eris	laudav-eritis	laudatus, -a, -um eris	laudati, -ae, -a eritis
	3p	laudav-erit	laudav-erint	laudatus, -a, -um erit	laudati, -ae, -a erunt

접속법		능동형		수동형	
		sg.	pl.	sg.	pl.
현재	1p	laud-em	laud-emus	laud-er	laud-emur
	2p	laud-es	laud-etis	laud-eris	laud-emini
	3p	laud-et	laud-ent	laud-etur	laud-entur
미완료	1p	laud-arem	laud-aremus	laud-arer	laud-aremur
	2p	laud-ares	laud-aretis	laud-areris	laud-aremini
	3p	laud-aret	laud-arent	laud-aretur	laud-arentur
단순과거	1p	laudav-erim	laudav-erimus	laudatus, -a, -um sim	laudati, -ae, -a simus
	2p	laudav-eris	laudav-eritis	laudatus, -a, -um sis	laudati, -ae, -a sitis
	3p	laudav-erit	laudav-erint	laudatus, -a, -um sit	laudati, -ae, -a sint
과거완료	1p	laudav-issem	laudav-issemus	laudatus, -a, -um essem	laudati, -ae, -a essemus
	2p	laudav-isses	laudav-issetis	laudatus, -a, -um esses	laudati, -ae, -a essetis
	3p	laudav-isset	laudav-issent	laudatus, -a, -um esset	laudati, -ae, -a essent

명령법		능동형		수동형	
		sg.	pl.	sg.	pl.
현재	2p	laud-a	laud-ate	laud-are	laud-amini
미래	2p	laud-ato	laud-atote	laud-ator	
	3p	laud-ato	laud-anto	laud-ator	laud-antor

부정법	능동형	수동형
현재	laud-are	laud-ari
과거	laudav-isse	laudat-um, -am, -um esse laudat-os, -as, -a esse
미래	laudat-urum, -am, -um esse laudat-uros, -as, -a esse	laudat-um iri

분사	동명사	능동형 목적분사
현재: laud-ans, -antis 미래: laudat-urus, -a, -um	gen. laud-andi dat. laud-ando acc. (ad) laud-andum abl. laud-ando	laudat-um
과거분사	**동형사(수동형 당위분사)**	**수동형 목적분사**
laudat-us, -a, -um	laud-andus, -a, -um	laudat-u

제2활용 동사—moneo 권고하다

직설법		능동형		수동형	
		sg.	pl.	sg.	pl.
현재	1p	mon-eo	mon-emus	mon-eor	mon-emur
	2p	mon-es	mon-etis	mon-eris(-ere)	mon-emini
	3p	mon-et	mon-ent	mon-etur	mon-entur
미완료	1p	mon-ebam	mon-ebamus	mon-ebar	mon-ebamur
	2p	mon-ebas	mon-ebatis	mon-ebaris(-ebare)	mon-ebamini
	3p	mon-ebat	mon-ebant	mon-ebatur	mon-ebantur
미래	1p	mon-ebo	mon-ebimus	mon-ebor	mon-ebimur
	2p	mon-ebis	mon-ebitis	mon-eberis(-ebere)	mon-ebimini
	3p	mon-ebit	mon-ebunt	mon-ebitur	mon-ebuntur
단순과거	1p	monu-i	monu-imus	monitus, -a, -um sum	moniti, -ae, -a sumus
	2p	monu-isti	monu-istis	monitus, -a, -um es	moniti, -ae, -a estis
	3p	monu-it	monu-erunt	monitus, -a, -um est	moniti, -ae, -a sunt
과거완료	1p	monu-eram	monu-eramus	monitus, -a, -um eram	moniti, -ae, -a eramus
	2p	monu-eras	monu-eratis	monitus, -a, -um eras	moniti, -ae, -a eratis
	3p	monu-erat	monu-erant	monitus, -a, -um erat	moniti, -ae, -a erant
미래완료	1p	monu-ero	monu-erimus	monitus, -a, -um ero	moniti, -ae, -a erimus
	2p	monu-eris	monu-eritis	monitus, -a, -um eris	moniti, -ae, -a eritis
	3p	monu-erit	monu-erint	monitus, -a, -um erit	moniti, -ae, -a erunt

접속법		능동형		수동형	
		sg.	pl.	sg.	pl.
현재	1p	mon-eam	mon-eamus	mon-ear	mon-eamur
	2p	mon-eas	mon-eatis	mon-earis	mon-eamini
	3p	mon-eat	mon-eant	mon-eatur	mon-eantur
미완료	1p	mon-erem	mon-eremus	mon-erer	mon-eremur
	2p	mon-eres	mon-eretis	mon-ereris	mon-eremini
	3p	mon-eret	mon-erent	mon-eretur	mon-erentur
단순과거	1p	monu-erim	monu-erimus	monitus, -a, -um sim	moniti, -ae, -a simus
	2p	monu-eris	monu-eritis	monitus, -a, -um sis	moniti, -ae, -a sitis
	3p	monu-erit	monu-erint	monitus, -a, -um sit	moniti, -ae, -a sint
과거완료	1p	monu-issem	monu-issemus	monitus, -a, -um essem	moniti, -ae, -a essemus
	2p	monu-isses	monu-issetis	monitus, -a, -um esses	moniti, -ae, -a essetis
	3p	monu-isset	monu-issent	monitus, -a, -um esset	moniti, -ae, -a essent

명령법		능동형		수동형	
		sg.	pl.	sg.	pl.
현재	2p	mon-e	mon-ete	mon-ere	mon-emini
미래	2p	mon-eto	mon-etote	mon-etor	-
	3p	mon-eto	mon-ento	mon-etor	mon-entor

부정법	능동형	수동형
현재	mon-ere	mon-eri
과거	monu-isse	monit-um, -am, -um esse monit-os, -as, -a esse
미래	monit-urum, -am, -um esse monit-uros, -as, -a esse	monit-um iri

분사	동명사	능동형 목적분사
현재: mon-ens, -entis 미래: monit-urus, -a, -um	gen. mon-endi dat. mon-endo acc. (ad) mon-endum abl. mon-endo	monit-um

과거분사	동형사(수동형 당위분사)	수동형 목적분사
monit-us, -a, -um	mon-endus, -a, -um	monit-u

제3활용 동사—lego 읽다

직설법		능동형		수동형	
		sg.	pl.	sg.	pl.
현재	1p	leg-o	leg-imus	leg-or	leg-imur
	2p	leg-is	leg-itis	leg-eris(-ere)	leg-imini
	3p	leg-it	leg-unt	leg-itur	leg-untur
미완료	1p	leg-ebam	leg-ebamus	leg-ebar	leg-ebamur
	2p	leg-ebas	leg-ebatis	leg-ebaris(-ebare)	leg-ebamini
	3p	leg-ebat	leg-ebant	leg-ebatur	leg-ebantur
미래	1p	leg-am	leg-emus	leg-ar	leg-emur
	2p	leg-es	leg-etis	leg-eris(-ere)	leg-emini
	3p	leg-et	leg-ent	leg-etur	leg-entur
단순과거	1p	leg-i	leg-imus	lectus, -a, -um sum	lecti, -ae, a sumus
	2p	leg-isti	leg-istis	lectus, -a, um es	lecti, -ae, a estis
	3p	leg-it	leg-erunt	lectus, -a, um est	lecti, -ae, a sunt
과거완료	1p	leg-eram	leg-eramus	lectus, -a, um eram	lecti, -ae, a eramus
	2p	leg-eras	leg-eratis	lectus, -a, um eras	lecti, -ae, a eratis
	3p	leg-erat	leg-erant	lectus, -a, um erat	lecti, -ae, a erant
미래완료	1p	leg-ero	leg-erimus	lectus, -a, um ero	lecti, -ae, a erimus
	2p	leg-eris	leg-eritis	lectus, -a, um eris	lecti, -ae, a eritis
	3p	leg-erit	leg-erint	lectus, -a, um erit	lecti, -ae, a erunt

접속법		능동형		수동형	
		sg.	pl.	sg.	pl.
현재	1p	leg-am	leg-amus	leg-ar	leg-amur
	2p	leg-as	leg-atis	leg-aris	leg-amini
	3p	leg-at	leg-ant	leg-atur	leg-antur
미완료	1p	leg-erem	leg-eremus	leg-erer	leg-eremur
	2p	leg-eres	leg-eretis	leg-ereris	leg-eremini
	3p	leg-eret	leg-erent	leg-eretur	leg-erentur
단순과거	1p	leg-erim	leg-erimus	lectus, -a, -um sim	lecti, -ae, -a simus
	2p	leg-eris	leg-eritis	lectus, -a, -um sis	lecti, -ae, -a sitis
	3p	leg-erit	leg-erint	lectus, -a, -um sit	lecti, -ae, -a sint
과거완료	1p	leg-issem	leg-issemus	lectus, -a, -um essem	lecti, -ae, -a essemus
	2p	leg-isses	leg-issetis	lectus, -a, -um esses	lecti, -ae, -a essetis
	3p	leg-isset	leg-issent	lectus, -a, -um esset	lecti, -ae, -a essent

명령법		능동형		수동형	
		sg.	pl.	sg.	pl.
현재	2p	leg-e	leg-ite	leg-ere	leg-imini
미래	2p	leg-ito	leg-itote	leg-itor	
	3p	leg-ito	leg-unto	leg-itor	leg-untor

부정법	능동형		수동형	
현재	leg-ere		leg-i	
과거	leg-isse		lect-um, -am, -um esse lect-os, -as, -a esse	
미래	lect-urum, -am, -um esse lect-uros, -as, -a esse		lect-um iri	

분사	동명사	능동형 목적분사
현재: leg-ens, -entis 미래: lect-urus, -a, -um	gen. leg-endi dat. leg-endo acc. (ad) leg-endum abl. leg-endo	lect-um

과거분사	동형사(수동형 당위분사)	수동형 목적분사
lect-us, -a, -um	leg-endus, -a, -um	lect-u

제4활용 동사─audio 듣다

직설법		능동형		수동형	
		sg.	**pl.**	**sg.**	**pl.**
현재	1p	aud-io	aud-imus	aud-ior	aud-imur
	2p	aud-is	aud-itis	aud-iris(-ire)	aud-imini
	3p	aud-it	aud-iunt	aud-itur	aud-iuntur
미완료	1p	aud-iebam	aud-iebamus	aud-iebar	aud-iebamur
	2p	aud-iebas	aud-iebatis	aud-iebaris(-iebare)	aud-iebamini
	3p	aud-iebat	aud-iebant	aud-iebatur	aud-iebantur
미래	1p	aud-iam	aud-iemus	aud-iar	aud-iemur
	2p	aud-ies	aud-ietis	aud-ieris(-iere)	aud-iemini
	3p	aud-iet	aud-ient	aud-ietur	aud-ientur
단순과거	1p	audiv-i	audiv-imus	auditus, -a, -um sum	auditi, -ae, -a sumus
	2p	audiv-isti	audiv-istis	auditus, -a, -um es	auditi, -ae, -a estis
	3p	audiv-it	audiv-erunt	auditus, -a, -um est	auditi, -ae, -a sunt
과거완료	1p	audiv-eram	audiv-eramus	auditus, -a, -um eram	auditi, -ae, -a eramus
	2p	audiv-eras	audiv-eratis	auditus, -a, -um eras	auditi, -ae, -a eratis
	3p	audiv-erat	audiv-erant	auditus, -a, -um erat	auditi, -ae, -a erant
미래완료	1p	audiv-ero	audiv-erimus	auditus, -a, -um ero	auditi, -ae, -a erimus
	2p	audiv-eris	audiv-eritis	auditus, -a, -um eris	auditi, -ae, -a eritis
	3p	audiv-erit	audiv-erint	auditus, -a, -um erit	auditi, -ae, -a erunt

접속법		능동형		수동형	
		sg.	**pl.**	**sg.**	**pl.**
현재	1p	aud-iam	aud-iamus	aud-iar	aud-iamur
	2p	aud-ias	aud-iatis	aud-iaris	aud-iamini
	3p	aud-iat	aud-iant	aud-iatur	aud-iantur
미완료	1p	aud-irem	aud-iremus	aud-irer	aud-iremur
	2p	aud-ires	aud-iretis	aud-ireris	aud-iremini
	3p	aud-iret	aud-irent	aud-iretur	aud-irentur
단순과거	1p	audiv-erim	audiv-erimus	auditus, -a, -um sim	auditi, -ae, -a simus
	2p	audiv-eris	audiv-eritis	auditus, -a, -um sis	auditi, -ae, -a sitis
	3p	audiv-erit	audiv-erint	auditus, -a, -um sit	auditi, -ae, -a sint
과거완료	1p	audiv-issem	audiv-issemus	auditus, -a, -um essem	auditi, -ae, -a essemus
	2p	audiv-isses	audiv-issetis	auditus, -a, -um esses	auditi, -ae, -a essetis
	3p	audiv-isset	audiv-issent	auditus, -a, -um esset	auditi, -ae, -a essent

명령법		능동형		수동형	
		sg.	**pl.**	**sg.**	**pl.**
현재	2p	aud-i	aud-ite	aud-ire	aud-imini
미래	2p	aud-ito	aud-itote	aud-itor	
	3p	aud-ito	aud-iunto	aud-itor	aud-iuntor

부정법	능동형	수동형
현재	aud-ire	aud-iri
과거	audiv-isse	audit-um, -am, -um esse audit-os, -as, -a esse
미래	audit-urum, -am, -um esse audit-uros, -as, -a esse	audit-um iri

분사	동명사	능동형 목적분사
현재: aud-iens, -entis 미래: audit-urus, -a, -um	gen. aud-iendi dat. aud-iendo acc. (ad) aud-iendum abl. aud-iendo	audit-um
과거분사	**동형사(수동형 당위분사)**	**수동형 목적분사**
audit-us, -a, -um	aud-iendus, -a, -um	audit-u

탈형동사

제1활용 동사—hortor 권고하다, 격려하다

직설법		탈형동사	
		sg.	**pl.**
현재	1p	hort-or	hort-amur
	2p	hort-aris(-are)	hort-amini
	3p	hort-atur	hort-antur
미완료	1p	hort-abar	hort-abamur
	2p	hort-abaris(-abare)	hort-abamini
	3p	hort-abatur	hort-abantur
미래	1p	hort-abor	hort-abimur
	2p	hort-aberis(-abere)	hort-abimini
	3p	hort-abitur	hort-abuntur
단순 과거	1p	hortatus, -a, -um sum	hortati, -ae, -a sumus
	2p	hortatus, -a, -um es	hortati, -ae, -a estis
	3p	hortatus, -a, -um est	hortati, -ae, -a sunt
과거 완료	1p	hortatus, -a, -um eram	hortati, -ae, -a eramus
	2p	hortatus, -a, -um eras	hortati, -ae, -a eratis
	3p	hortatus, -a, -um erat	hortati, -ae, -a erant
미래 완료	1p	hortatus, -a, -um ero	hortati, -ae, -a erimus
	2p	hortatus, -a, -um eris	hortati, -ae, -a eritis
	3p	hortatus, -a, -um erit	hortati, -ae, -a erunt

접속법		탈형동사	
		sg.	**pl.**
현재	1p	hort-er	hort-emur
	2p	hort-eris(-ere)	hort-emini
	3p	hort-etur	hort-entur
미완료	1p	hort-arer	hort-aremur
	2p	hort-areris(-arere)	hort-aremini
	3p	hort-aretur	hort-arentur
단순 과거	1p	hortatus, -a, -um sim	hortati, -ae, -a simus
	2p	hortatus, -a, -um sis	hortati, -ae, -a sitis
	3p	hortatus, -a, -um sit	hortati, -ae, -a sint
과거 완료	1p	hortatus, -a, -um essem	hortati, -ae, -a essemus
	2p	hortatus, -a, -um esses	hortati, -ae, -a essetis
	3p	hortatus, -a, -um esset	hortati, -ae, -a essent

명령법		탈형동사	
		sg.	**pl.**
현재	2p	hort-are	hort-amini
미래	2p	hort-ator	
	3p	hort-ator	hort-antor

부정법	탈형동사
현재	hort-ari
과거	hortat-um, -am, -um esse hortat-os, -as, -a esse
미래	hortat-urum, -am, -um esse hortat-uros, -as, -a esse

분사	동명사	동형사(수동형 당위분사)	목적분사
현재: hort-ans, -antis 과거: hortat-us, -a, -um 미래: hortat-urus, -a, -um	gen. hort-andi dat. hort-ando acc. (ad) hort-andum abl. hort-ando	hort-andus, -a, -um	능동: hortat-um 수동: hortat-u

제2활용 동사-vereor 존경하다, 경외하다

직설법		탈형동사	
		sg.	pl.
현재	1p	ver-eor	ver-emur
	2p	ver-eris(-ere)	ver-emini
	3p	ver-etur	ver-entur
미완료	1p	ver-ebar	ver-ebamur
	2p	ver-ebaris(-ebare)	ver-ebamini
	3p	ver-ebatur	ver-ebantur
미래	1p	ver-ebor	ver-ebimur
	2p	ver-eberis(-ebere)	ver-ebimini
	3p	ver-ebitur	ver-ebuntur
단순과거	1p	veritus, -a, -um sum	veriti, -ae, -a sumus
	2p	veritus, -a, -um es	veriti, -ae, -a estis
	3p	veritus, -a, -um est	veriti, -ae, -a sunt
과거완료	1p	veritus, -a, -um eram	veriti, -ae, -a eramus
	2p	veritus, -a, -um eras	veriti, -ae, -a eratis
	3p	veritus, -a, -um erat	veriti, -ae, -a erant
미래완료	1p	veritus, -a, -um ero	veriti, -ae, -a erimus
	2p	veritus, -a, -um eris	veriti, -ae, -a eritis
	3p	veritus, -a, -um erit	veriti, -ae, -a erunt

접속법		탈형동사	
		sg.	pl.
현재	1p	ver-ear	ver-eamur
	2p	ver-earis(-eare)	ver-eamini
	3p	ver-eatur	ver-eantur
미완료	1p	ver-erer	ver-eremur
	2p	ver-ereris(-erere)	ver-eremini
	3p	ver-eretur	ver-erentur
단순과거	1p	veritus, -a, -um sim	veriti, -ae, -a simus
	2p	veritus, -a, -um sis	veriti, -ae, -a sitis
	3p	veritus, -a, -um sit	veriti, -ae, -a sint
과거완료	1p	veritus, -a, -um essem	veriti, -ae, -a essemus
	2p	veritus, -a, -um esses	veriti, -ae, -a essetis
	3p	veritus, -a, -um esset	veriti, -ae, -a essent

명령법		탈형동사	
		sg.	pl.
현재	2p	ver-ere	ver-emini
미래	2p	ver-etor	
	3p	ver-etor	ver-entor

부정법	탈형동사
현재	ver-eri
과거	verit-um, -am, -um esse
	verit-os, -as, -a esse
미래	verit-urum, -am, -um esse
	verit-uros, -as, -a esse

분사	동명사	동형사(수동형 당위분사)	목적분사
현재: ver-ens, -entis 과거: verit-us, -a, -um 미래: verit-urus, -a, -um	gen. ver-endi dat. ver-endo acc. (ad) ver-endum abl. ver-endo	ver-endus, -a, -um	능동: verit-um 수동: verit-u

제3활용 동사—sequor 따르다

직설법		탈형동사	
		sg.	pl.
현재	1p	sequ-or	sequ-imur
	2p	sequ-eris(-ere)	sequ-imini
	3p	sequ-itur	sequ-untur
미완료	1p	sequ-ebar	sequ-ebamur
	2p	sequ-ebaris(-ebare)	sequ-ebamini
	3p	sequ-ebatur	sequ-ebantur
미래	1p	sequ-ar	sequ-emur
	2p	sequ-eris(-ere)	sequ-emini
	3p	sequ-etur	sequ-entur
단순과거	1p	secutus, -a, -um sum	secuti, -ae, -a sumus
	2p	secutus, -a, -um es	secuti, -ae, -a estis
	3p	secutus, -a, -um est	secuti, -ae, -a sunt
과거완료	1p	secutus, -a, -um eram	secuti, -ae, -a eramus
	2p	secutus, -a, -um eras	secuti, -ae, -a eratis
	3p	secutus, -a, -um erat	secuti, -ae, -a erant
미래완료	1p	secutus, -a, -um ero	secuti, -ae, -a erimus
	2p	secutus, -a, -um eris	secuti, -ae, -a eritis
	3p	secutus, -a, -um erit	secuti, -ae, -a erunt

접속법		탈형동사	
		sg.	pl.
현재	1p	sequ-ar	sequ-amur
	2p	sequ-aris(-are)	sequ-amini
	3p	sequ-atur	sequ-antur
미완료	1p	sequ-erer	sequ-eremur
	2p	sequ-ereris(-erere)	sequ-eremini
	3p	sequ-eretur	sequ-erentur
단순과거	1p	secutus, -a, -um sim	secuti, -ae, -a simus
	2p	secutus, -a, -um sis	secuti, -ae, -a sitis
	3p	secutus, -a, -um sit	secuti, -ae, -a sint
과거완료	1p	secutus, -a, -um essem	secuti, -ae, -a essemus
	2p	secutus, -a, -um esses	secuti, -ae, -a essetis
	3p	secutus, -a, -um esset	secuti, -ae, -a essent

명령법		탈형동사	
		sg.	pl.
현재	2p	sequ-ere	sequ-imini
미래	2p	sequ-itor	
	3p	sequ-itor	sequ-untor

부정법	탈형동사
현재	sequ-i
과거	secut-um, -am, -um esse secut-os, -as, -a esse
미래	secut-urum, -am, -um esse secut-uros, -as, -a esse

분사	동명사	동형사(수동형 당위분사)	목적분사
현재: sequ-ens, -entis 과거: secut-us, -a, -um 미래: secut-urus, -a, -um	gen. sequ-endi dat. sequ-endo acc. (ad) sequ-endum abl. sequ-endo	sequ-endus, -a, -um	능동: secut-um 수동: secut-u

제4활용 동사—largior 후히 베풀다

직설법		탈형동사	
		sg.	pl.
현재	1p	larg-ior	larg-imur
	2p	larg-iris(-ire)	larg-imini
	3p	larg-itur	larg-iuntur
미완료	1p	larg-iebar	larg-iebamur
	2p	larg-iebaris(-iebare)	larg-iebamini
	3p	larg-iebatur	larg-iebantur
미래	1p	larg-iar	larg-iemur
	2p	larg-ieris(-iere)	larg-iemini
	3p	larg-ietur	larg-ientur
단순과거	1p	largitus, -a, -um sum	largiti, -ae, -a sumus
	2p	largitus, -a, -um es	largiti, -ae, -a estis
	3p	largitus, -a, -um est	largiti, -ae, -a sunt
과거완료	1p	largitus, -a, -um eram	largiti, -ae, -a eramus
	2p	largitus, -a, -um eras	largiti, -ae, -a eratis
	3p	largitus, -a, -um erat	largiti, -ae, -a erant
미래완료	1p	largitus, -a, -um ero	largiti, -ae, -a erimus
	2p	largitus, -a, -um eris	largiti, -ae, -a eritis
	3p	largitus, -a, -um erit	largiti, -ae, -a erunt

접속법		탈형동사	
		sg.	pl.
현재	1p	larg-iar	larg-iamur
	2p	larg-iaris(-iare)	larg-iamini
	3p	larg-iatur	larg-iantur
미완료	1p	larg-irer	larg-iremur
	2a	larg-ireris(-irere)	larg-iremini
	3p	larg-iretur	larg-irentur
단순과거	1p	largitus, -a, -um sim	largiti, -ae, -a simus
	2p	largitus, -a, -um sis	largiti, -ae, -a sitis
	3p	largitus, -a, -um sit	largiti, -ae, -a sint
과거완료	1p	largitus, -a, -um essem	largiti, -ae, -a essemus
	2p	largitus, -a, -um esses	largiti, -ae, -a essetis
	3p	largitus, -a, -um esset	largiti, -ae, -a essent

명령법		탈형동사	
		sg.	pl.
현재	2p	larg-ire	larg-imini
미래	2p	larg-itor	
	3p	larg-itor	larg-iuntor

부정법	탈형동사
현재	larg-iri
과거	largit-um, -am, -um esse largit-os, -as, -a esse
미래	largit-urum, -am, -um esse largit-uros, -as, -a esse

분사	동명사	동형사(수동형 당위분사)	목적분사
현재: larg-iens, -ientis 과거: largit-us, -a, -um 미래: largit-urus, -a, -um	gen. larg-iendi dat. larg-iendo acc. (ad) larg-iendum abl. larg-iendo	larg-iendus, -a, -um	능동: largit-um 수동: largit-u

반탈형동사

audeo 감히 -하다

직설법		반탈형동사	
		sg.	**pl.**
현재	1p	aud-eo	aud-emus
	2p	aud-es	aud-etis
	3p	aud-et	aud-ent
미완료	1p	aud-ebam	aud-ebamus
	2p	aud-ebas	aud-ebatis
	3p	aud-ebat	aud-ebant
미래	1p	aud-ebo	aud-ebimus
	2p	aud-ebis	aud-ebitis
	3p	aud-ebit	aud-ebunt
단순과거	1p	ausus, -a, -um sum	ausi, -ae, -a sumus
	2p	ausus, -a, -um es	ausi, -ae, -a estis
	3p	ausus, -a, -um est	ausi, -ae, -a sunt
과거완료	1p	ausus, -a, -um eram	ausi, -ae, -a eramus
	2p	ausus, -a, -um eras	ausi, -ae, -a eratis
	3p	ausus, -a, -um erat	ausi, -ae, -a erant
미래완료	1p	ausus, -a, -um ero	ausi, -ae, -a erimus
	2p	ausus, -a, -um eris	ausi, -ae, -a eritis
	3p	ausus, -a, -um erit	ausi, -ae, -a erunt

접속법		반탈형동사	
		sg.	**pl.**
현재	1p	aud-eam	aud-eamus
	2p	aud-eas	aud-eatis
	3p	aud-eat	aud-eant
미완료	1p	aud-erem	aud-ermus
	2p	aud-eres	aud-eretis
	3p	aud-eret	aud-erent
단순과거	1p	ausus, -a, -um sim	ausi, -ae, -a simus
	2p	ausus, -a, -um sis	ausi, -ae, -a sitis
	3p	ausus, -a, -um sit	ausi, -ae, -a sint
과거완료	1p	ausus, -a, -um essem	ausi, -ae, -a essemus
	2p	ausus, -a, -um esses	ausi, -ae, -a essetis
	3p	ausus, -a, -um esset	ausi, -ae, -a essent

명령법		반탈형동사(능동형만 존재)	
		sg.	**pl.**
현재	2p	aud-e	aud-ete
미래	2p	aud-eto	aud-etote
	3p	aud-eto	aud-ento

부정법	반탈형동사
현재	aud-ere
과거	aus-um, -am, -um esse aus-os, -as, -a esse
미래	ausur-um, -am, -um esse ausur-os, -as, -a esse

분사	동명사	목적분사
현재: aud-ens, -entis 과거: ausus, -a, -um 미래: ausurus, -a, -um	gen. aud-endi dat. aud-endo acc. (ad) aud-endum abl. aud-endo	능동: ausum 수동: ausu

불규칙동사

fero 운반하다, 말하다, 당하다, 드러내다

직설법		능동형		수동형	
		sg.	pl.	sg.	pl.
현재	1p	fer-o	fer-imus	fer-or	fer-imur
	2p	fer-s	fer-tis	fer-ris	fer-imini
	3p	fer-t	fer-unt	fer-tur	fer-untur
미완료	1p	fer-ebam	fer-ebamus	fer-ebar	fer-ebamur
	2p	fer-ebas	fer-ebatis	fer-ebaris	fer-ebamini
	3p	fer-ebat	fer-ebant	fer-ebatur	fer-ebantur
미래	1p	fer-am	fer-emus	fer-ar	fer-emur
	2p	fer-es	fer-etis	fer-eris	fer-emini
	3p	fer-et	fer-ent	fer-etur	fer-entur
단순과거	1p	tul-i	tul-imus	latus, -a, -um sum	lati, -ae, -a sumus
	2p	tul-isti	tul-istis	latus, -a, -um es	lati, -ae, -a estis
	3p	tul-it	tul-erunt	latus, -a, -um et	lati, -ae, -a sunt
과거완료	1p	tul-eram	tul-eramus	latus, -a, -um eram	lati, -ae, -a eramus
	2p	tul-eras	tul-eratis	latus, -a, -um eras	lati, -ae, -a eratis
	3p	tul-erat	tul-erant	latus, -a, -um erat	lati, -ae, -a erant
미래완료	1p	tul-ero	tul-erimus	latus, -a, -um ero	lati, -ae, -a erimus
	2p	tul-eris	tul-eritis	latus, -a, -um eris	lati, -ae, -a eritis
	3p	tul-erit	tul-erint	latus, -a, -um erit	lati, -ae, -a erunt

접속법		능동형		수동형	
		sg.	pl.	sg.	pl.
현재	1p	fer-am	fer-amus	fer-ar	fer-amur
	2p	fer-as	fer-atis	fer-aris	fer-amini
	3p	fer-at	fer-ant	fer-atur	fer-antur
미완료	1p	fer-rem	fer-remus	fer-rer	fer-remur
	2p	fer-res	fer-retis	fer-reris	fer-remini
	3p	fer-ret	fer-rent	fer-retur	fer-rentur
단순과거	1p	tul-erim	tul-erimus	latus, -a, -um sim	lati, -ae, -a simus
	2p	tul-eris	tul-eritis	latus, -a, -um sis	lati, -ae, -a sitis
	3p	tul-erit	tul-erint	latus, -a, -um sit	lati, -ae, -a sint
과거완료	1p	tul-issem	tul-issemus	latus, -a, -um essem	lati, -ae, -a essemus
	2p	tul-isses	tul-issetis	latus, -a, -um esses	lati, -ae, -a essetis
	3p	tul-isset	tul-issent	latus, -a, -um esset	lati, -ae, -a essent

명령법		능동형		수동형	
		sg.	pl.	sg.	pl.
현재		fer	fer-te	fer-re	(ferimini)
미래	2p	fer-to	fer-tote		
	3p	fer-to	fer-unto		

부정법	능동형	수동형
현재	fer-re	fer-ri
과거	tul-isse	latum, -am, um esse latos, -as, -a esse
미래	laturum, -am, -um esse laturos, -as, -a esse	latum iri

분사	동명사	동형사(수동형 당위분사)	목적분사
현재: ferens, -entis 과거: latus, -a, -um 미래: laturus, -a -um	gen. fer-endi dat. fer-endo acc. (ad) fer-endum abl. fer-endo	ferendus, -a, -um	능동: lat-um 수동: lat-u

eo 가다

직설법		능동형		수동형	
		sg.	pl.	sg.	pl.
현재	1p	e-o	i-mus		
	2p	i-s	i-tis		
	3p	i-t	e-unt	itur(비인칭)	
미완료	1p	i-bam	i-bamus		
	2p	i-bas	i-batis		
	3p	i-bat	i-bant	ibatur(비인칭)	
미래	1p	i-bo	i-bimus		
	2p	i-bis	i-bitis		
	3p	i-bit	i-bunt	ibitur(비인칭)	
단순과거	1p	i-i(i-vi)	i-imus(ivimus)		
	2p	i-isti(i-visti)	i-istis(ivistis)		
	3p	i-it(i-vit)	i-erunt(iverunt)	itum est(비인칭)	
과거완료	1p	i-eram(iveram)	i-eramus		
	2p	i-eras	i-eratis		
	3p	i-erat	i-erant	itum erat(비인칭)	
미래완료	1p	i-ero(ivero)	i-erimus		
	2p	i-eris	i-eritis		
	3p	i-erit	i-erint	itum erit(비인칭)	

접속법		능동형		수동형	
		sg.	pl.	sg.	pl.
현재	1p	e-am	e-amus		
	2p	e-as	e-atis		
	3p	e-at	e-ant	eatur(비인칭)	
미완료	1p	i-rem	i-remus		
	2p	i-res	i-retis		
	3p	i-ret	i-rent	iretur(비인칭)	
단순과거	1p	i-erim(iverim)	i-erimus		
	2p	i-eris	i-eritis		
	3p	i-erit	i-erint	itum sit(비인칭)	
과거완료	1p	i-ssem(ivissem)	i-ssemus		
	2p	i-sses	i-ssetis		
	3p	i-sset	i-ssent	itum esset(비인칭)	

명령법		능동형		수동형	
		sg.	pl.	sg.	pl.
현재	2p	i	i-te		
미래	2p	i-to	i-tote		
	3p	i-to	e-unto		

부정법	능동형	수동형
현재	i-re	i-ri
과거	isse(ivisse)	itum esse
미래	iturum, -am, -um esse ituros, -as, -a esse	itum iri

분사	동명사	동형사(수동형 당위분사)	목적분사
현재: i-ens, e-untis 과거: 미래: i-turus, -a, -um	gen. e-undi dat. e-undo acc. (ad) e-undum abl. e-undo	e-undum	능동: i-tum 수동: i-tu

queo 할 수 있다

직설법		sg.	pl.
현재	1p	queo	(quimus)
	2p	(quis)	(quitis)
	3p	quit	queunt
미완료	1p	(quibam)	
	2p		
	3p	(quibat)	
미래	1p	quibo	
	2p		
	3p		quibunt
단순과거	1p	quii, quivi	
	2p		
	3p	quiit, quivit	quiverunt(quiere)
과거완료	1p		
	2p		
	3p		
미래완료	1p	quivero	
	2p		
	3p		
접속법		**sg.**	**pl.**
현재	1p	queam	queamus
	2p	queas	
	3p	queat	queant
미완료	1p	quirem	
	2p		
	3p	quiret	quirent
단순과거	1p		
	2p		
	3p	quiverit(quierit)	quiverint
과거완료	1p		
	2p		
	3p	quisset	quissent(quivissent)
명령법		**능동형**	**수동형**
현재		quire	
과거		quisse	
미래			
분사			
현재: quiens, queuntis			

nequeo 할 수 없다

직설법		sg.	pl.
현재	1p	nequeo(non queo)	nequimus
	2p	nequis	nequitis
	3p	nequit	nequeunt
미완료	1p	(nequibam)	
	2p		
	3p	nequibat	nequibant
미래	1p		
	2p		
	3p	nequibit	nequibunt
단순과거	1p	nequii, nequivi	
	2p	nequisti, nequivisti	
	3p	nequiit, nequivit	nequiverunt(nequiere)
과거완료	1p		
	2p		
	3p	nequiverat	nequiverant
미래완료	1p		
	2p	nequiveris	
	3p		nequiverint

접속법		sg.	pl.
현재	1p	nequeam	nequeamus
	2p	nequeas	
	3p	nequeat	nequeant
미완료	1p	nequirem	
	2p		
	3p	nequiret	nequirent
단순과거	1p	nequiverim	
	2p		
	3p	nequiverit	nequiverint
과거완료	1p		
	2p		
	3p	nequisset(nequivisset)	nequissent(nequivissent)

명령법	능동형	수동형
현재	nequire	
과거	nequisse(nequivisse)	
미래		-

분사
현재: nequiens, nequeuntis

fio 되다

직설법		sg.	pl.
현재	1p	fi-o	fi-mus
	2p	fi-s	fi-tis
	3p	fi-t	fi-unt
미완료	1p	fi-ebam	fi-ebamus
	2p	fi-ebas	fi-ebatis
	3p	fi-ebat	fi-ebant
미래	1p	fi-am	fi-emus
	2p	fi-es	fi-etis
	3p	fi-et	fi-ent
단순과거	1p	factus, -a, -um sum	facti, -ae, -a sumus
	2p	factus, -a, -um es	facti, -ae, -a estis
	3p	factus, -a, -um est	facti, -ae, -a sunt
과거완료	1p	factus, -a, -um eram	facti, -ae, -a eramus
	2p	factus, -a, -um eras	facti, -ae, -a eratis
	3p	factus, -a, -um erat	facti, -ae, -a erant
미래완료	1p	factus, -a, -um ero	facti, -ae, -a erimus
	2p	factus, -a, -um eris	facti, -ae, -a eritis
	3p	factus, -a, -um erit	facti, -ae, -a erunt
접속법		**sg.**	**pl.**
현재	1p	fi-am	fi-amus
	2p	fi-as	fi-atis
	3p	fi-at	fi-ant
미완료	1p	fi-erem	fi-eremus
	2p	fi-eres	fi-eretis
	3p	fi-eret	fi-erent
단순과거	1p	factus, -a, -um sim	facti, -ae, -a simus
	2p	factus, -a, -um sis	facti, -ae, -a sitis
	3p	factus, -a, -um sit	facti, -ae, -a sint
과거완료	1p	factus, -a, -um essem	facti, -ae, -a essemus
	2p	factus, -a, -um esses	facti, -ae, -a essetis
	3p	factus, -a, -um esset	facti, -ae, -a essent
명령법		**sg.**	**pl.**
현재	2p	fi	fi-te
미래	2p	fi-to	fi-tote
	3p	fi-to	-

부정법	
현재	fi-eri
과거	factum, -am, -um esse factos, -as, -a esse
미래	futurum, -am, -um esse futuros, -as, -a esse

분사	동명사	동형사(수동형 당위분사)	목적분사
현재: - 과거: factus, -a, -um 미래: futurus, -a, -um	-	fac-iendus, -a, -um	factu

volo 원하다, nolo 원하지 않다, malo 더 좋아하다

직설법		능동형					
		volo		nolo		malo	
		sg.	pl.	sg.	pl.	sg.	pl.
현재	1p	volo	volumus	nolo	nolumus	malo	malumus
	2p	vis	vultis	non vis	non vultis	mavis	mavultis
	3p	vult	volunt	non vult	nolunt	mavult	malunt
미완료	1p	volebam	volebamus	nolebam	nolebamus	malebam	malebamus
	2p	volebas	volebatis	nolebas	nolebatis	malebas	malebatis
	3p	volebat	volebant	nolebat	nolebant	malebat	malebant
미래	1p	volam	volemus	nolam	nolemus	malam	malemus
	2p	voles	voletis	noles	noletis	males	maletis
	3p	volet	volent	nolet	nolent	malet	malent
단순과거	1p	volui	voluimus	nolui	noluimus	malui	maluimus
	2p	voluisti	voluistis	noluisti	noluistis	maluisti	maluistis
	3p	voluit	voluerunt	noluit	noluerunt	maluit	maluerunt
과거완료	1p	volueram	volueramus	nolueram	nolueramus	malueram	malueramus
	2p	volueras	volueratis	nolueras	nolueratis	malueras	malueratis
	3p	voluerat	voluerant	noluerat	noluerant	maluerat	maluerant
미래완료	1p	voluero	voluerimus	noluerao	noluerimus	maluerao	maluerimus
	2p	volueris	volueritis	nolueris	nolueritis	malueris	malueritis
	3p	voluerit	voluerint	noluerit	noluerint	maluerit	maluerint

접속법		능동형					
		volo		nolo		malo	
		sg.	pl.	sg.	pl.	sg.	pl.
현재	1p	velim	velimus	nolim	nolimus	malim	malimus
	2p	velis	velitis	nolis	nolitis	malis	malitis
	3p	velit	velint	nolit	nolint	malit	malint
미완료	1p	vellem	vellemus	nollem	nollemus	mallem	mallemus
	2p	velles	velletis	nolles	nolletis	malles	malletis
	3p	vellet	vellent	nollet	nollent	mallet	mallent
단순과거	1p	voluerim	voluerimus	noluerim	noluerimus	maluerim	maluerimus
	2p	volueris	volueritis	nolueris	nolueritis	malueris	malueritis
	3p	voluerit	voluerint	noluerit	noluerint	maluerit	maluerint
과거완료	1p	voluissem	voluissemus	noluissem	noluissemus	maluissem	maluissemus
	2p	voluisses	voluissetis	noluisses	noluissetis	maluisses	maluissetis
	3p	voluisset	voluissent	noluisset	noluissent	maluisset	maluissent

명령법		능동형					
		volo		nolo		malo	
		sg.	pl.	sg.	pl.	sg.	pl.
현재	2p	-	-	noli	nolite	-	-
미래	2p	-	-	nolito	nolitote	-	-
	3p	-	-			-	-

부정법	능동형		
	volo	nolo	malo
현재	velle	nolle	malle
과거	voluisse	noluisse	maluisse
미래	-	-	-

분사		
volo	nolo	malo
volens, -entis	nolens, -entis	malens, -entis

edo 먹다

직설법		능동형		수동형	
		sg.	pl.	sg.	pl.
현재	1p	ed-o	ed-imus		
	2p	ed-is(es)	ed-itis(estis)		
	3p	ed-it(est)	ed-unt	estur(비인칭)	
미완료	1p	ed-ebam	ed-ebamus		
	2p	ed-ebas	ed-ebatis		
	3p	ed-ebat	ed-ebant		
미래	1p	ed-am	ed-emus		
	2p	ed-es	ed-etis		
	3p	ed-et	ed-ent		
단순과거	1p	ed-i	ed-imus		
	2p	ed-isti	ed-istis		
	3p	ed-it	ed-erunt		
과거완료	1p	ed-eram	ed-eramus		
	2p	ed-eras	ed-eratis		
	3p	ed-erat	ed-erant		
미래완료	1p	ed-ero	ed-erimus		
	2p	ed-eris	ed-eritis		
	3p	ed-erit	ed-erint		

접속법		능동형		수동형	
		sg.	pl.	sg.	pl.
현재	1p	edam(edim)	edamus(edimus)		
	2p	edas(edis)	edatis(editis)		
	3p	edat(edit)	edant(edint)		
미완료	1p	essem(ederem)	essemus(ederemus)		
	2p	esses(ederes)	essetis(ederetis)		
	3p	esset(ederet)	essent(ederent)	essetur(비인칭)	
단순과거	1p	ederim	ederimus		
	2p	ederis	ederitis		
	3p	ederit	ederint		
과거완료	1p	edissem	edissemus		
	2p	edisses	edissetis		
	3p	edisset	edissent		

명령법		sg.	pl.
현재	2p	ed-e(es)	ed-ite(este)
미래	2p	ed-ito(esto)	ed-itote(estote)
	3p	ed-ito(esto)	ed-unto

부정법	
현재	ed-ere(esse)
과거	ed-isse
미래	es-urum, -am, -um esse

분사	동명사	목적분사
현재: ed-ens, -entis 과거: es-us, -a, -um 미래: es-urus, -a, -um	gen. ed-endi dat. ed-endo acc. (ad) ed-endum abl. ed-endo	능동: esum 수동: esu

결여동사

coepi 시작하였다

직설법		능동형		수동형	
		sg.	pl.	sg.	pl.
단순과거	1p	coep-i	coep-imus	coeptus, -a, -um sum	coepti, -ae, -a sumus
	2p	coep-isti	coep-istis	coeptus, -a, -um es	coepti, -ae, -a estis
	3p	coep-it	coep-erunt	coeptus, -a, -um est	coepti, -ae, -a sunt
과거완료	1p	coep-eram	coep-eramus	coeptus, -a, -um eram	coepti, -ae, -a eramus
	2p	coep-eras	coep-eratis	coeptus, -a, -um eras	coepti, -ae, -a eratis
	3p	coep-erat	coep-erant	coeptus, -a, -um erat	coepti, -ae, -a erant
미래완료	1p	coep-ero	coep-erimus	coeptus, -a, -um ero	coepti, -ae, -a erimus
	2p	coep-eris	coep-eritis	coeptus, -a, -um eris	coepti, -ae, -a eritis
	3p	coep-erit	coep-erint	coeptus, -a, -um erit	coepti, -ae, -a erunt

접속법		능동형		수동형	
		sg.	pl.	sg.	pl.
단순과거	1p	coep-erim	coep-erimus	coeptus, -a, -um sim	coepti, -ae, -a simus
	2p	coep-eris	coep-eritis	coeptus, -a, -um sis	coepti, -ae, -a sitis
	3p	coep-erit	coep-erint	coeptus, -a, -um sit	coepti, -ae, -a sint
과거완료	1p	coep-issem	coep-issemus	coeptus, -a, -um essem	coepti, -ae, -a essemus
	2p	coep-isses	coep-issetis	coeptus, -a, -um esses	coepti, -ae, -a essetis
	3p	coep-isset	coep-issent	coeptus, -a, -um esset	coepti, -ae, -a essent

부정법	능동형	수동형
현재	-	-
과거	coep-isse	coeptus, -a, -um esse
미래	coep-turum, -am, -um esse coep-turos, -as, -a esse	coeptum iri

분사	목적분사
과거: coeptus, -a, -um 미래: coep-turus, -a, -um	능동: coeptum 수동: coeptu

memini

직설법		sg.	pl.
단순과거	1p	memin-i	memin-imus
	2p	memin-isti	memin-istis
	3p	memin-it	memin-erunt(-ere)
과거완료	1p	memin-eram	memin-eramus
	2p	memin-eras	memin-eratis
	3p	memin-erat	memin-erant
미래완료	1p	memin-ero	memin-erimus
	2p	memin-eris	memin-eritis
	3p	memin-erit	memin-erint

접속법		sg.	pl.
단순과거	1p	memin-erim	memin-erimus
	2p	memin-eris	memin-eritis
	3p	memin-erit	memin-erint
과거완료	1p	memin-issem	memin-issemus
	2p	memin-isses	memin-issetis
	3p	memin-isset	memin-issent

명령법		sg.	pl.
현재	2p		
미래	2p	memento	mementote
	3p		

부정법	
현재	
과거	memin-isse
미래	

Significatio Litterarum Latinarum

라틴어 속 숨은 재미: 라틴어 철자의 의미

그리스어와 라틴어의 철자는 기본적으로 산스크리트어에서 유래한다. 라틴어 철자의 의미에 대해 산스크리트어에서 사용한 자음 알파벳 순서에 따라 살펴보자.

क(Ka)

자음 K는 우주공간에서 천체의 궤적, 물(ka)과 빛(ka)으로 구성된 우주의 생산적 에너지를 상징하는 철자였다. 이 에너지가 인간 마음에 있는 사랑(kam)과 행복(kaj)을 나타내는 개념으로 투영되었다. 여기에서 kan, kal, kav, kas, kr, kha로 시작하는 어휘들이 유래하게 된다. 특별히 'kal'이라는 어근은 인도유럽어의 제사장들이 규칙적인 천체의 움직임을 파악하여 월(月)과 요일, 연(年), 해와 달의 움직임을 계산하는 데 사용하였다. 여기에서 "kalendae, −arum, f. pl. 달력", "calor, −oris, m. 열, 불타는 사랑", "caelum, −i, n. 하늘", "creatio, −onis, f. 창조"라는 어휘가 유래한다.

ग(Ga)

인도유럽어의 Agni는 '불의 신'이라는 이름으로, 기원 면에서 g라는 철자로 등잔 불빛의 살랑거리는 움직임을 의인화하여 표현한 것이다. 어근 ag는 구불구불하고 불규칙한 등잔불 빛의 움직임(zigzag)과 공간 안에서 사방팔방의 곡선을 형상화한 것이다. 또한 ga, gam이라는 어근은 사방으로 규칙적이거나 불규칙적인 방식으로 나아가는 움직임을 가리키는 말로 발전한다.

च(Ca)

자음 C는 특별히 ac−, añc−, ci− 등의 어근에서 "빙글빙글 돌다", "주위를 돌다", "뾰족하게 만들다"라는 개념을 표현한다. "주위를 도는" 행위는 특별히 제사장들에 의해 행해졌는데, 자비와 번영을 간구할 목적으로 하늘에 있는 존재들에게 행하던 행위에서 유래한다. ac−이라는 어근에서 "acus, −us, f. 바늘", "acutus, −a, −um, adj. 뾰족한, 날카로운"이라는 말이 유래하며, anc−라는 어근에서 "ancilla, −ae, f. 하녀, 여종"이 유래한다. 하녀, 여종은 주인 주위를 맴돌며 일하는 것에서 착안하여 만든 단어이다.

반면 산스크리트어의 ci라는 어근은 사람이나 사물을 관찰하고 조사하기 위해 주변을 도는 행위를 언급한다. "circus, -i, m. 원, 천체의 궤도", "circa, adv. 주위에, 둘레에"가 유래하며, "circumstantia, -ae, f. 주위를 둘러쌈, 주위에 있음"을 의미하는 말마디에서 "환경, 상황, 형편"이라는 뜻으로 확대된다.

ज(Ja)

aj 어근은 인도유럽어에서 "앞으로(j) 나아가는 직선운동의 시작"을 의미하였다. 산스크리트어에서 aj 동사는 "안내하다", "이끌어 가다"라는 의미였는데, 그리스어로 "이끌어 가다, 운반하다"의 의미인 ago 동사가 되었고, 라틴어로 "앞으로 가게 하다"의 의미인 "ago, is, egi, actum, agere"라는 동사가 되었다. aj 동사는 "앞으로 곧장 움직이는"이라는 형용사 ajira에서 유래하는데, 이 형용사는 "민첩한, 기민한"이라는 의미를 가졌으며, 산스크리트어의 ajira라는 형용사에서 라틴어 "agilis, -e, adj. 기민한, 민첩한"이라는 형용사가 유래한다.

고대인들은 "계속해서(i) 앞으로 나아가는(j)" 행동 속에 승리가 있다고 생각했는데, ji라는 동사에서 라틴어의 "승리하다, 극복하다"라는 의미의 "vinco, is, vici, victum, vincere" 동사가 유래한다. 라틴어 "vincere" 동사는 인도유럽어의 "앞으로 직선운동"을 의미하는 vi를 덧붙인 vi-ji에서 유래한 것이다. 이러한 맥락에서 인도유럽어는 "살다, vivere"라는 동사도 본질적으로 "앞으로 계속해서 나아가는 과정"으로 이해하여, 산스크리트어의 jiv라는 동사로 표현하였다.

산스크리트어에서 j로 표기한 철자는 그리스어와 라틴어로 전해지면서 자음 g로 표기되었다.

त(Ta)

산스크리트어의 "넘어가다, 통과하다"라는 개념은 우주공간에서 천체의 움직임을 관찰한 것에서 유래한 말이다. 산스크리트어에서 tr 어근은 "별, 넘어가는 행위, 천체의 움직임" 등을 가리키는 말이었다. 자음 t와 d는 "빛"이라는 같은 의미를 가졌을 개연성이 높은데, 독일어와 영어의 "신(神)"이라는 단어인 "Gott"와 "god"는 "운동 중(gā)인 빛(d/t)"을 나타내는 말에서 유래한 것으로 여긴다.

인도유럽어의 자음 t와 d가 태초에 "빛"을 의미했음을 보여 주는 흔적은 그리스어에서 잘 발견된다. 그리스어로 "신(神)"은 "théos(θεός)"이며, "여신"은 "théa(θεά)"이다. 나중에 "théa(θεά)"는 "시각, 전망"이라는 의미를 갖게 되는데, 이는 어원적으로 빛의 존재를 제외할 수 없는 개념이기 때문이다. 언어의 발전과 함께 인도유럽어의 문법은 t와 d 두 개의 치음을 구분하고, t의 의미도 처음에는 "빛의 움직임"을 가리키는 말로 사용하다가 나중에 "공간에서 두 점을 결합하는 움직임"을 가리키는 말로 사용하게 된다.

자음 t와 "가다"라는 동사 어근 r과 결합된 tr은 처음에 "한 점을 향한 빛의 움직임"을 가리켰으나, 나중에는 한 지점에서 다른 지점을 향해 움직여 가는 것을 가리키는 말로 의미가 확대되었다. 인도유럽어 tr의 영향은 라틴어에 전해져 "transeo, is, ii, itum, ire, 넘어가다, 건너다" 등 무수한 동사들이 파생하게 된다. 또한 라틴어의 별을 의미하는 "stella", 영어의 "star", 독일어의 "stern"도 인도유럽어 tr에 s를 첨가하여 형성된 말이다.

द(Da)

철자 T에서 살펴본 바와 같이, 자음 D는 "빛"을 의미하였다. 그러나 철자 D는 단순한 빛이 아니라 "창조"의 빛을 상징하는데, 여기에서 "하늘, 날, 신들"이라는 말이 나왔다.

"빛(d)의 계속적인 움직임(i)"을 뜻하는 인도유럽어의 어근은 산스크리트어의 동사 dī(빛나다), dīdyati(반짝이다)에서 유래하였다. 산스크리트어의 동사 di에 자음 v를 붙여 "날, 하늘"을 의미하는 div라는 말이 유래하였는데, 자음 v는 "분리"를 의미하며, v 어근의 원의미는 "빛으로부터 분리되다"는 뜻이다. div 어근은 원래 "신(神)"을 의미하는 deva에서 유래하였다.

"종교적 사유"를 의미하는 dhī라는 말은 d어근에 hī를 연결하였는데, hī는 "앞으로(i) 옮기다(h), 움직이게 하다"라는 뜻이다. 이후 dhī는 "빛의 영적 활동"을 나타낸다. 여기에서 "추상적이고 심오한 명상"을 의미하는 "dhyāna"라는 말이 유래하였는데, 이 말은 불교에서 선(禪)을 가리키는 말로 그 뜻은 "길을 열어라!"이다.

न(Na)

고대 인도유럽인의 "부정" 개념은 밤에 흐르는 물의 모호함에서 나왔다. 상고시대에는 밤의 어둠은 밝은 바다의 움직임이 끝나고 어두운 바닷물이 땅에 도달하여 생기는 현상으로 이해하였다. 그래서 고대인들은 밤에 "뭘 봤니?"라는 질문에 다음과 같이 대답하였다. "na(물)만 보았소!" 이 대답은 "아무것도 보지 못했다."는 것을 인정하는 표현이었다. 이러한 이유에서 인도유럽어의 물을 상징하는 na라는 음소에서 "아니"라는 부정부사 "no, non"이 유래하였다. 고대이집트의 상형문자에도 "아니"라는 부정은 인도유럽어처럼 밤에 흐르는 물을 상징하는 〰 표시로 나타냈다.

이후 산스크리트어의 부정부사 na가 그리스어로 nē가 되었으며, 라틴어로 "ne, non"이라는 부정부사가 되었다.

प(Pa)

인도유럽어에서 정화의 개념은 자음 p로 나타냈는데, 이는 정화 행위를 동사 어근 pū로 표현하였기 때문이다. 모언어인 산스크리트어가 형성한 문명의 최종적 목적은 인간존재를 영적으로 정화하고, 불멸과 영생에 도달하기 위해 필요한 조건이 무엇인지에 대한 번민이었다. 이러한 의식의 일환으로 동틀 녘, 정오, 일몰 등 하루에 세 번 몸을 씻었고, 그 예식에 중요 요소는 물(ap)이었다.

해가 뜨는 동쪽을 향해서는 "정화하는 빛의 근원"이라는 뜻에서 puras 또는 pūrva라 불렸다. "정화자"라는 뜻의 별칭인 "아버지"란 말은 "정화를 수행한 자"라는 의미에서 pitŕ라 불렸고, 아들은 "같은 임무를 수행하는 자신의 대리자"라는 의미에서 putra라 불렸다. 사제, 제사장이란 호칭은 "정화하는 사람의 역할"이라는 의미에서 potr라 불렸다.

인도유럽어에서 정화 행위를 나타내는 pū와 권력의 근원을 나타내는 pat라는 말과는 밀접한 관계가 있는데, 권력이란 것은 정화하는 자들이 독점적으로 가진 권한으로 인식하였다. 이러한 맥락에서 "정화를 수행하는 자들"을 pati라고 불렸고, 그들이 권한과 권력도 함께 가지는 것으로 이해하였으며, 더 나아가 그들을 "주(主)"라 불렸다.

ब(Ba)

자음 b는 좀 더 후대에 자음 v를 대체하여 분리 행위에 필요한 역동적 에너지를 표현하기 위해 나타났다. 분명한 사실은 자음 b와 v의 혼동이 한 번도 해결된 적이 없지만, 상고시대에 인도유럽어 철자 형성에 어근으로 삽입되었다.

budh라는 동사는 "깨닫다, 조명하다, 이해하다"라는 뜻이며, budha는 "깨달은 자"라는 의미 이다.

म(Ma)

고대인들은 세상에 존재하는 모든 것에는 한계와 척도라는 것이 있다고 생각했다. 이 개념을 나타내기 위해 인도유럽어는 자음 m의 음가를 선택했다. m이라는 음가에서 "물질, 척도"라는 용어가 나왔으며, "인간 생명의 자연적 범주와 관계하는 사람"이라는 의미의 "mātŕ(산스크리트어), μήτηρ(그리스어), mater(라틴어) 어머니"라는 말이 생겼다.

라틴어와 그리스어는 "측정하다"라는 산스크리트어 mā 어근을 "신경 쓰다, 마음을 쓰다 (medeor), 치료하다(medicus)", 더 나아가 "공부하다, 성찰하다(meditor, ari), 명상하다"라는 개념을 표현하기 위해 med/mad 또는 med/mel 형태로 발전시켰다.

य(Ya)

자음 y는 동사의 형태에 있어서 모음 i 또는 ī와 일치하였는데, 그 뜻은 "가다, 움직이다, 나아가다"라는 의미였다.

산스크리트어	라틴어
yu 결속하다	iungo, ere 결속하다
yuj 동여 묶다	iugo, are 동여 묶다
yoga 멍에	iugum 멍에
yuvan 젊은이	iuvenis 젊은이

1) 산스크리트어는 u 앞에 모음 i가 오면 iu로 결합되는 것이 아니라, 준모음 y로 바뀌어 yu 형태가 된다. 그러나 라틴어는 그대로 iu 형태를 유지하다가, 나중에 ju 형태로 바뀌었다.

2) "동여 묶다"라는 의미의 동사 yuj에서 명사 yoga라는 말이 파생하게 된다. yoga라는 말은 한 마차를 끌기 위해 두 마리 마소를 함께 묶는다는 의미이다. 여기에서 '멍에'라는 말이 나오며, yuj라는 동사에서 "결합하다, 결혼하다"라는 의미도 파생한다.

3) Yoga는 "명상과 마음의 작용을 통해 개별 영혼과 우주가 합일된다"는 뜻이다. 인도철학에서 Yoga는 Dharma의 아들이었는데, Dharma란 달마 또는 담마 등으로 한역된 불교의 중심 관념이지만, 그 뜻은 원래 법과 정의를 의미하는 말이었다. 산스크리트어의 iu(yu) 어근에서 라틴어의 법(ius)과 정의(iustitia), 재판관(iudex)이란 말이 유래한다. 아울러 yu 어근은 "종교적 일치, 다시 묶다(re-ligo, v.)"라는 의미이며, 여기서 말하는 종교란 신법(神法)을 의미하였다.

र(Ra)

인도유럽어에서 자음 r은 언어 형태면에서 모음 r(ऋ)과 일치하며, 그 의미는 "가다, 만나다, 향해 가다, 도달하다, 획득하다"라는 뜻이다. 이러한 의미의 확장으로 자음 r은 ār, īr, ūr, rā, rī, rū와 완전히 일치하는 ar, ir, ur, ra, ri, ru 어근으로 발전하며, 더 나아가 모음 r에 없는 re, rai, ro, rau 형태로 발전하게 된다.

"획득하다"라는 의미의 ar, ār, ra, rā 형태는 구체적 사물과 관련하며, 갖거나 줄 만한 가치가 있는 것을 획득했다는 의미로 재산의 점유 및 취득을 가리키는 말이었다.

"계속적으로(i, ī) 직면하다"라는 의미의 ri 와 rī 어근은 "계속 흘러가다, 자유롭게 움직이다"라는 뜻이었으며, 그 후에 li와 lī의 음성 형태가 된다. 여기에서 라틴어 "liber(자유로운)"가 유래한다.

"강제로 도달하다, 맹렬히 이르다"라는 의미의 ru 어근은 소리를 언급한 것으로 원래는 "소리치다, 소란을 피우다"라는 의미의 산스크리트어 동사 ru에서 유래한다. 여기에서 라틴어 "rumor, -oris, m. 소란한 소리, 소문"이라는 단어가 유래한다. 즉 나의 의지와 상관없이 계속해서 들려오는 소리이기 때문에 소음이 되고, 나의 의지와 상관없이 계속해서 들려오는 소리라는 이유에서 '소문, 낭설, 들리는 소리"가 된다.

반면 ruc 어근은 "도달하다(r), 강렬히(u), 도처에(c)"라는 말의 합성어이며, "하늘에서 찬란한 빛이 도달하다"라는 것을 언급한 것으로 "찬란히 빛나다"라는 의미의 산스크리트어 ruc에서 유래한 것이다. 여기에서 "빛"을 의미하는 라틴어 "lux, lucis, f."가 유래한다. 산스크리트어 r 발음은 후에 l로 변형된다.

ल(La)

산스크리트어의 발전을 연구하다 보면, 자음 l은 인도유럽어 가운데서 가장 후대에 형성된 것으로 보인다. 자음 l은 모음 r의 변형된 발음 형태로 나타나며, 그 뜻은 모음 r이 가지고 있었던 의미를 간직하고 있었다.

산스크리트어에서 자음 l로 시작하는 최초의 단어는 lakṣa인데 리그베다(Ṛgveda)에서 처음 발견된다. Lakṣa라는 단어는 "결속하다, 묶다(l)"라는 의미와 "사방에서(akṣ)"라는 의미의 합성 어로 자기 소유의 동물들을 분간하기 위해 낸 "흔적, 표시"를 의미하는 단어이다. 라틴어는 좀 더 후대에 산스크리트어의 lakṣ 어근을 laq 형태로 받아들여 "laqueo, as, avi, atum, are. 결속하다, 묶다" 동사가 된다.

또한 "결속하다, 묶다"라는 의미의 lag 어근은 라틴어에서 lig 어근 형태로 바뀌어 "신으로 결속하다"라는 의미의 "religio, -onis, f."라는 말이 나오게 되며, 이를 오늘날 우리는 "종교"라고 부른다.

"힘(수고)을 써서 자유롭게 얻다, 가지다, 획득하다"라는 의미의 labh 어근은 라틴어에서 lab 어근으로 바뀌어 "labor, -oris, m. 일"이라는 명사가 파생하며, 동사도 여기에서 파생한다.

व(Va)

자음 v는 "분리, 별거, 이탈, 구별, 보급, 만연, 격리"라는 개념을 표현하였다. 자음 v는 "이음, 가까움, 닮음, 상호관계"를 의미하는 자음 s와는 반대이다. av어근에서 모음 a는 "분리 행위의 개시"를 가리키는 말이었지만, va 어근에서 모음 a는 "바람"을 의미하는 산스크리트어 "vāyu" 와 같이 "연속, 완성"을 나타냈다. 라틴어는 산스크리트어를 따라 "ventus, -i, m. 바람"으로 발전시켰다.

인도유럽어 "빛(d)이 널리 퍼지다(vi)" vid 어근은 "보다, 알다"라는 두 가지 의미가 있었는데, 라틴어는 "video, ere, 보다"라는 뜻만을 계승하였다.

थ(Sa)

자음 s는 사람과 사물의 밀접한 관계를 가리키는 말로 "이음, 결합, 관계, 교제, 닮음"을 의미하였다. 또한 자음 s는 신체적으로 가까이 있음을 표현한다. 산스크리트어 sad 어근은

"가까이서(s) 먹다(ad)"라는 의미이며, 이것이 라틴어 "sedeo, ere, 앉다"라는 동사가 되었다.

산스크리트어로 "이다"를 의미하는 as 동사는 라틴어로 "sum, esse" 동사가 되는데, 자음 s는 "~과 접촉하다, 결속하다"라는 개념을 표현하며, 언어학적으로 연계사(copula) 개념을 창출했다는 데 그 중요성이 있다.

ह(Ha)

인도유럽어에서 자음 h는 다음과 같은 의미를 내포한다.

• "밖으로 밀다, ~에서 나오게 하다, 옮기다(ah, had)"라는 의미로 외부 압력에 의한 이동 시작.

• "억압하다, 몰아넣다(anh, han)"라는 의미로 내부 압력에 의한 이동 시작.

• "멀리 가다, 떠나다, 밀다(hā, hi)"라는 의미로 위치의 계속적 이동.

• "나쁜 길에 빠지다, 직선에서 벗어나다(hval, hvr, hur, hru)"라는 의미로 뜻밖의 방향 전환으로 인한 이동.

Comparare Graecas Litteras cum Litteris Latinis

그리스어, 라틴어 알파벳 비교

그리스어 알파벳			라틴어 알파벳		알파벳 변천사
대문자	소문자	로마자 표기	표기	발음	
A	α(알파)	a	A	a(아)	
B	β(베타)	b	B	be(베)	
Γ	ɣ(감마)	g	C	ce(체)	로마에서 Γ(감마)의 발음이 C(체)로 바뀌고 /g/ 발음을 위한 기호인 G를 새로 만들었다.
Δ	δ(델타)	d	D	de(데)	
E	ε(엡실론)	e	E	e(에)	
			F	ef(에프)	
			G	ge(제)	G는 감마가 변형된 알파벳 C에 획을 하나 추가해 만들어진 알파벳으로, 그리스어의 Γ와 같은 발음이 난다.
Z	ζ(제타)	z			
H	η(에타)	e → h	H	ha(하)	알파벳 H는 그리스어 η(에타)의 영향으로 이탈리아어를 포함한 라틴계 언어에서는 묵음으로 나타나는 반면, 영어는 H 발음을 한다.
Θ	θ(세타)	th			
I	ι(요타)	i	I	i(이)	I와 J는 중세 인문주의 시대 이후에 도입되었다. I 뒤에 모음이 오면 I가 모음이 아닌 반모음으로 변하여 발음되었는데, 후에 이 반모음 I는 J로 표기된다.
K	κ(카파)	k	K	ka(깝빠)	로마에서는 K를 잘 사용하지 않았고, 대신 같은 음가의 C를 주로 사용했다. K는 주로 그리스어나 차용된 외래어를 표기할 때 사용되었다.

Λ	λ(람다)	l	L	el(엘)	
M	μ(뮤/뮈)	m	M	em(엠)	
N	ν(뉴/뉘)	n	N	en(엔)	
Ξ	ξ(크시)				
O	o(오미크론)	o	O	o(오)	
Π	π(파이/피)	p	P	pe(뻬)	그리스 알파벳 P는 원래 /r/로 발음되었으나 로마 사람들은 /p/로 발음했다. 그리고 /r/발음을 내는 알파벳을 새로 만들었다.
			Q	qu(꾸)	
P	ρ(로)	r/rh	R	er(에르)	R는 그리스 알파벳 P가 로마에서 /p/로 발음되어 /r/ 발음을 위해 로마에서 새로 만든 알파벳이다.
Σ	σ(시그마)	s	S	es(에스)	
T	τ(타우)	t	T	te(떼)	
Y	υ(윕실론)	y/u	V	u(우, 브우)	알파벳 V는 반자음 음소로서 V와 모음 U를 겸하다 2세기부터 구분해서 썼다.
Φ	φ(피)	ph			
X	χ(키)	x, ch	X	ix(익쓰)	
Ψ	ψ(프시)	ps			
			Y	hy(입실론)	
Ω	ω(오메가)	o			
			Z	zeta(제따)	Z는 그리스 알파벳에서는 여섯 번째 위치에 있었으나, 로마에서는 Z를 잘 사용하지 않았기 때문에 마지막에 위치하게 되었다.

Appendix V

Vocabula

단어장

일러두기

- 본 단어장은 장모음을 ā, ē, ī, ō, ū로 단모음은 ă, ĕ, ĭ, ŏ, ŭ로 표기한다.
- 장단 모음 표기는 나라(이탈리아, 독일, 프랑스, 영미)마다 편찬한 사전에 따라 조금씩 차이가 있다. 본 단어장은 라틴어—이탈리아어 사전인 *IL Vocabolario della Lingua Latina*의 표기를 따랐음을 밝힌다.
- (n.) nomen, 명사; (v.) verbum, 동사; (adj.) adjectivum, 형용사; (adv.) adverbium 부사의 약어이다. 그 밖의 약어에 대해서는 "문법 약호"를 참조하기 바란다.
- 동사의 경우 1, 2, 3, 4로 표시하여 해당 동사가 어떻게 동사 활용을 하는지를 나타내었다. 가령 "1"이라고 표기한 것은 제1활용 동사를, "1 dep."라고 표기한 것은 제1활용 탈형동사를 의미한다.

A

ā(h 이외의 자음으로 시작하는 단어 앞에), ăb(h와 모음으로 시작하는 단어 앞에), abs(abs te 너한테), (praep.) ~로부터, ~에서; a mānĕ usquĕ ăd vespĕrum(vespĕram) 아침부터 저녁까지; a princĭpĭō(=ab ĭnĭtĭo) 시작부터, 처음부터; a sē 스스로에게서, 스스로에 의하여

Abdērītēs, −ae, (n.) m. Abdera(아브데라) 학파 (소크라테스 이전의 그리스 철학자)

abdĭco, as, āvi, ātum, āre, 1 tr. 거부하다, 배척하다, 끊어 버리다; abdĭcare sē dictātūra (관용어) 독재를 거부하다

abdo, is, abdĭdi, abdĭtum, abdĕre, 3 tr. (v.) 숨겨 놓다, 치우다, 숨다

abdūco, is, duxi, ductum, ĕre, 3 tr. (v.) 인솔하다, 떼어놓다, 앗아가다

ăbĕo, abis, ăbĭi, ăbĭtum, ăbīre, 4 intr. (v.) 가다, 가 버리다, 사라지다

ăberro, as, āvi, ātum, āre, 1 intr. (v.) 방황하다, 벗어나다, 빗나가다

ăbhinc, (adv.) 여기서부터, 지금으로부터, ~전에, 이제부터 ~후에

absolvo, is, solvi, solūtum, ĕre, 3 tr. (v.) 풀어주다, 면제해 주다, 해방시키다, 간단히 말하다

absquĕ, (praep.) (+abl.) ~없이, 제외하고, 없더라면

abstĭnens, −entis (adj.) (+gen.) 금욕의, 욕심없는, 삼가는

abstĭnentĭa, −ae, (n.) f. 절제, 금욕, 단식

abstĭneo, es, tĭnuī, tentum, ēre, 2 tr. (v.) 멀리하
다, 금하다, 삼가다

abstrăho, is, traxi, tractum, ĕre, 3 tr. (v.) (a,
de, ex+abl.; abl.) 떼어 놓다; (acc., abl.) 방해
하다, 손 떼게 하다, 그만두게 하다

absŭm, es, āfŭi, āfŭtūrus, ăbesse, intr. anom.
(v.) 없다, 떨어져 있다

absūmo, is, sumpsi, sumptum, ĕre, 3 tr. (v.)
(음식, 재산, 힘 등을) 소비하다, 탕진하다, 없
애 버리다, 죽이다, 가져가다

ăbūtor, ĕris, ūsus sum, ūti, 3 dep. intr. (v.) (+
abl.) 이용하다, 남용하다, 오용하다; tr. (+
acc.) 다 써 버리다, 소비하다

ăc(atquĕ), (conj.) 그리고, 또

Ăcădēmĭa, −ae, (n.) f. 학원, 학술원, 학사원 (플
라톤이 여기서 제자를 가르침)

accēdo, is, cessi, cessum, ĕre, 3 intr. (드물게
tr.) (v.) (ad+acc.; dat.) 접근하다, 가까이 가
다, 발생하다, (dat.) (감정이) 생기다, 보태다
(덧붙여지다), 첨부하다

accĭdo, is, cĭdi, ĕre, 3 intr. (v.) 발생하다, 결과를
가져오다

accĭpĭo, is, cēpi, ceptum, ĕre, 3 tr. (v.) 받다,
받아들이다

accūro, as, āvi, ātum, āre, 1 tr. (v.) 정성들여
하다, 정확하게 준비하다, 면밀하게 하다

accurro, is, curri(cŭcurri), cursum, ĕre, 3 intr.
(드물게) tr. (v.) ~향해 달려가다 (오다)

accūsātŏr, −ōris, (n.) m. 고발자, 원고, 고소인

accūso, as, āvi, ātum, āre, 1 tr. (v.) ~(으)로 탓을
돌리다, 나무라다, 고발하다, 고소하다

ācĕr, acris, acre, (adj.) 날카로운, 예민한, 뾰족한

Achāĭcus, −a, −um, (adj.) 그리스의; (n.) m. 로마

치하의 그리스인

ăcĭēs, −ēi, (n.) f. 날, 칼끝, 전선, 진지, 군대

ācrĭtĕr, (adv.) 날카롭게, 격렬하게, 치열하게,
잔인하게

Actĭăcus, −a, −um, (adj.) 악티움의(그리스 북서
부 지방의 고대 도시)

ăcūmĕn, ăcūmĭnis, (n.) n. 날카로움, 예민함, 명
민함

ăcŭs, −ūs, (n.) f. 바늘, 핀, 침

ăcūtus, −a, −um, (adj.) 뾰족한, 날카로운

ăd, (praep.) ~에게, ~한테, ~로, ~옆에, 가까이,
~까지, (목적+acc.) ~위하여, ~에 의하여

addĭtĭo, −ōnis, (n.) f. 덧셈, 덧붙인 것, 부가물

addo, is, dĭdi, dĭtum, ĕre, 3 tr. (v.) 더하다, 보태
다, 덧붙이다, 추가하다, 덧붙여 말하다

addūco, is, duxi, ductum, ĕre, 3 tr. (v.) 데려오
다(가다), 불러내다, 끌어넣다

ădĕō, (adv.) (강조) 그토록

ădĕo, adis, īvi(ĭi), ĭtum, īre, 4 tr. et intr. (v.)
~로 가다

adfĕro(affĕro), fers, tŭli, lātum, ferre, tr. (v.) 가
져다주다, 알려 주다, (소식을) 전하다

adfirmo(aff−), as, āvi, ātum, āre, 1 tr. (v.) 주장
하다, 단언하다

ădhĭbĕo, es, bŭi, bĭtum, ēre, 2 tr. (v.) 사용하다,
이용하다, 쓰다

ădhūc, (adv.) 지금까지, 아직까지

ădĭmo, is, adēmi, ademptum, ĕre, 3 tr. (v.) 빼앗
다, 탈취하다, 박탈하다

ădĭpiscor, scĕris, adeptus sum, ădĭpisci, 3 dep.
tr. (v.) 얻다, 획득하다

adĭūtrix, adiūtrīcis, (n.) f. 여성 조력자

adiŭvo(adjŭvo), as, iūvi, iūtum, āre, 1 tr. (v.)
돕다, 격려하다

admĭnistrātĭo, -ōnis, (n.) f. 협조, 통치, 지도,
　경영, 관리

admĭnistro, as, āvi, ātum, āre, 1 (v.) tr. 시중들
　다, (군대) 지휘하다, 관리하다; intr. 협조하다

admīrābĭlis, -e, (adj.) 놀라운, 훌륭한, 감탄할
　말한

admīrātĭo, -ōnis, (n.) f. 감탄, 찬탄, 경이로움,
　놀람, 경악, 망연자실

admīror, āris, ātus sum, āri, 1 dep. tr. (v.) 놀라
　다, 감탄하다, 탄복하다

admitto, is, mīsi, missum, ĕre, 3 tr. (v.) 받아들
　이다, 인정(용인)하다, 방임하다

admŏdum, (adv.) 완전히, 아주, 대단히, 극도
　로; (숫자) 정확히, 꼭; (대답할 때) 그렇고말고

ădŏrĭor, īris, adortus sum, īri, 4 dep. tr. (v.)
　공격하다, 습격하다, (일을) 시작하다, 착수
　하다

adsum(assum), es, adfŭi(affŭi), ădesse, intr.
　anom. (v.) 있다, 출석해 있다

ădŭlescens(ădŏlescens), -scentis, (adj.) 젊은;
　(n.) m./f. 청년, (20살까지의) 젊은이

ădŭlescentĭa, -ae, (n.) f. 청소년기

ădūlor, āris, ātus sum, āri, 1 dep. tr. et intr.
　(v.) 꼬리치다, 아첨하다

ădūro, is, ussi, ustum, ĕre, 3 tr. (v.) 그을리다,
　불태우다

advĕna, -ae, (n.) m./f. 나그네, 외국인, 낯선 사람

advĕnĭo, vĕnis, vēni, ventum, īre, 4 intr. (v.)
　오다, 도착하다

adventŭs, -ūs, (n.) m. 다가옴, 도착, 도래, 재림

adversa, -ōrum, (n.) n. pl. 불행, 불운, 역경, 재
　난, 반대되는 것들

adversum, -i, (n.) n. 재앙, 불운; 반대편, 반대
　방향, 역행

adversus, (praep.) (호의적) 대하여, (적대적) 대
　항하여

adversus, -a, -um, (adj.) 앞에 있는, 거스르는,
　반대하는, 적대하는, 적의, 원수진

advespĕrascit, advesperāvit, ĕre, 3 impers. (v.)
　저녁이 되다, 날이 저물다

aedĭfĭcĭum, -ĭi, (n.) n. 건물

aedĭfĭco, as, āvi, ātum, āre, 1 tr. (v.) 짓다, 건설
　하다, 건축하다

aedīlĭtās, -ātis, (n.) f. 토목건축 감독관 직

Aedŭi(Haedui), -ōrum, (n.) m. pl. 갈리아 사람
　(오늘날 프랑스인)

aegĕr, aegra, aegrum, (adj.) 병든, 아픈, 괴로운

aegrĭtūdo, -dĭnis, (n.) f. 병, 질환, 근심, 걱정

aegrōtus, -a, -um, (adj.) 병든, 앓는 (비교급과
　최상급이 없음)

aegrōtus, -i, (n.) m. 환자, 병자

Aegyptĭi, -ōrum, (n.) m. pl. 이집트 사람들

Aegyptĭus, -a, -um, (adj.) 이집트인의

Aenēa(Aenīa), -ae, (n.) f. 애네아(아이네아) (오
　늘날 그리스 Calcidica 반도에 있는 도시명)

ăēnĕus, -a, -um, (adj.) 구리로 만든, 구리 색의,
　청동의

aenigma, -mătis, (n.) n. 수수께끼, 은어

aequē, (adv.) 같이, 같게, 동등하게, 공평하게

aequĭtās, -ātis, (n.) f. 평면, 공정성, 형평, (마음
　의) 평정

aequo, as, āvi, ātum, āre, 1 tr. (v.) 평평하게
　하다, 같게 하다, 동등하게 하다

aequus, -a, -um, (adj.) 평평한, 동등한, 공평한

āēr, āĕris, (n.) m. 공기, 기후, 대기, 분위기

aes ălĭēnum (n.) n. 빚

aestās, -ātis, (n.) f. 여름

aestĭmo, as, āvi, ātum, āre, 1 tr. (v.) 평가하다

aetās, aetātis, (n.) f. 시대, 나이

affectĭo(adf−), −ōnis, (n.) f. 작용, 정서, (정신적, 육체적) 상태

affĕro(adfĕro), fers, attŭli, allātum, ferre, tr. anom. (v.) 가져오다, (소식)을 전하다, (증거) 제시하다

affĭcĭo, īs, fēcī, fectum, ĕre, 3 tr. (v.) (누구에게 무엇을) 끼치다, 당하게 하다, 주다

afflŭo, īs, fluxī, fluxum, ĕre, 3 intr. (v.) ~로 흐르다, 몰려오다, 풍부하다

ăgĕ, ăgĭte(agendum), (interi.) 자, 그래!

ăgĕr, ăgri, (n.) m. 밭, 땅, 공유지

aggĕr, aggĕris, (n.) m. 축대, 제방, 보루, 방축, 성벽

aggrĕdĭor(adg−), ĕris, gressus sum, grĕdi, 3 dep. (v.) intr. (향하여) 가다; tr. 공격하다, 착수하다

ăgĭlis, −e, (adj.) 기민한, 민첩한, 활기 있는

agmĕn, −mĭnis, (n.) n. 무리, 떼, 군대; medium agmen 중심 부대

ăgo, is, ēgi, actum, ĕre, 3 tr. (v.) 행하다, (주제를) 다루다, 표시하다, 시간을 보내다, 몇 살이다, 변론하다, (차, 배를) 몰다, 운전하다

ăgrĭcŏla, −ae, (n.) m. 농부

ăgrĭcultūra, −ae, (n.) f. 농업

āio, āīs, def. (v.) (부정에 대립하여) 긍정하다, "예"라고 말하다, 사람들은 말하다

ălăcĕr, ălăcris, ălăcre, (adj.) 민첩한, 활발한, 유쾌한

Alba, −ae, (n.) f. 알바(이탈리아 Lazio의 도시명)

Ălēsĭa, −ae, (n.) f. 알레시아(갈리아의 도시)

ălĭās, (adv.) 딴 때에, 다른 기회에, 달리

ălĭēnus, −a, −um, (adj.) 다른 사람의, 남의, 관계 없는, 외국의

ălĭquamdĭū, (adv.) 꽤 오랫동안, 한동안

ălĭquandō, (adv.) 언젠가, 한때, 가끔, 이따금, 어떤 때, 한 번, 어느 날

ălĭquantum, −i, (n.) 상당한 양, 꽤 많은 양; (adv.) 꽤, 상당히

ălĭquis, ălĭqua, ălĭquid, (pron.) m./f. 누가, 누군가; n. 어떤 것, 무엇, 무엇인가

ălĭquŏtĭens(ălĭquotĭēs), (adv.) 몇 번, 가끔

ălĭtĕr, (adv.) 달리, 그렇지 않으면, 다르게

ălĭus, −a, −ud, (adj.) 다른, 별개의, 둘째의

allŏquor, ĕris, lŏcutus sum, lŏqui, 3 dep. tr. (v.) 연설하다, 훈화하다

ălo, is, ălŭi, altum(ălītum), ĕre, 3 tr. (v.) 양육하다, 기르다, 먹여 살리다, 육성하다

altĕr, −ĕra, −ĕrum, (adj. pron.) (둘 중의) 다른 하나, 제2의

altercor, āris, ātus sum, āri, 1 dep. intr. (v.) 논쟁하다, 다투다

alternus, −a, −um, (adj.) 번갈아 하는

altus(ălĭtus), −us, (n.) m. 음식물, 양식, 양육비

altus, −a, −um, (adj.) 높은, 깊은

ălumna, −ae, (n.) f. 여학생

ălumnus, −i, (n.) m. 학생

alvus, −i, (n.) f. (아랫)배, 자궁

ămans, amantis, (n.) m./f. 애인; (adj.) 좋아하는, 사랑하는

ambĭtŭs, −ūs, (n.) m. 회전운동, 우회, 부정선거, 야망

ambŭlātĭo, −ōnis, (n.) f. 산책

ambŭlo, as, āvi, ātum, āre, 1 intr. et tr. (v.) 산책하다

āmens, amentis, (adj.) 미친, 정신 나간, 얼빠진, 몰상식한

ămīcĭtĭa, −ae, (n.) f. 우정, 친교, 동맹

ămīcus, −i, (n.) m. 친구

āmitto, is, āmīsi, āmissum, ĕre, 3 tr. (v.) 떠나가
게 하다, 잃다, 손해 입다, 포기하다

āmo, as, āvi, ātum, āre, 1 tr. (v.) 사랑하다, 좋아
하다

ămoenĭtās, −ātis, (n.) f. 경관, 경치, 유쾌함, 쾌
적함, 매력, 즐거움

āmōlĭor, īris, ītus sum, īri, 4 dep. tr. (v.) 피하다,
치워 버리다

ămŏr, −ōris, (n.) m. 사랑

āmŏvĕo, es, mōrī, mōtum, ēre, 2 tr. (v.) 멀리하
다, 제거하다

Amphictyon, −ŏnis, (n.) m. 암픽티온(그리스신
화, 아테네의 왕)

amphŏra, −ae, (n.) f. (양쪽에 손잡이가 달린)
항아리

amplector, plectĕris, plexus sum, plecti, 3 dep.
tr. (v.) 포옹하다, 포괄하여 말하다, 망라하다

amplĭŭs, (adv.) (넓이, 범위 개념) 더 이상

amplus, −a, −um, (adj.) 폭넓은, 드넓은, 큰

ămussis, −is, (n.) f. 노끈, 자, 규칙

ăn, (conj.) 만일 ~이(가) 아닐까

ancilla, −ae, (n.) f. 하녀, 여종

Ancus, −i, (n.) m. (B.C. 640~616) 안쿠스 마르
키우스(로마의 제4대 왕)

Anglĭus, −a, −um, (adj.) 영국의, 영국 사람의

angŭlus, −i, (n.) m. 모퉁이, 각, 구석, 공부방,
교실

angustĭae, −ārum, (n.) f. pl. 협곡, 골짜기 길,
궁핍

angustus, −a, −um, (adj.) 좁은

ănĭma, −ae, (n.) f. 영혼, 마음, 숨결

ănĭmăl, ănĭmālis, (n.) n. 살아 있는 것, 동물

ănĭmans, −antis, (adj.) 생명 있는, 살아 있는,
활기를 주는

ănĭmus, −i, (n.) m. 영혼, 정신

annus, −i, (n.) m. 해(年), 나이

antĕ, (praep.) ~앞에, 앞으로, 전에, 먼저, 우선,
이상으로; (adv.) 앞에, 먼저

antĕā, (adv.) 전에, 이전에, 일찍이

antĕcēdo, is, cessi, cessum, ĕre, 3 intr. et tr.
(v.) 앞서다, 앞서가다, 월등하다

antĕcello, is, ĕre, 3 intr. et tr. (v.) 높이 솟다,
두각을 나타내다, 초월하다

antĕpōno, is, pŏsŭi, pŏsĭtum, ĕre, 3 tr. (v.) 앞에
놓다, ~보다 낮게 여기다, 더 좋아하다

antīquē, (adv.) 예부터

antīquus, −a, −um, (adj.) 옛날의

Antĭum, −ĭi, (n.) n. 안티움(이탈리아 라치오에
있는 도시)

anxĭus, −a, −um, (adj.) 불안한

ăpĕr, ăpri, (n.) m. 멧돼지

ăpĕrĭo, is, pĕrŭi, pertum, īre, 4 tr. (v.) 열다,
개봉(개방)하다, 드러내다

ăpis, −is, (n.) f. 꿀벌

appārĕo(adp−), es, pārŭi, pārĭtūrus, ēre, 2 intr.
(v.) 나타나다, 드러나다, 보이다

appello(adp−), as, āvi, ātum, āre, 1 tr. (v.) 청하
다, 호소하다, 상소하다, 부르다

appello(adp−), is, pŭli, pulsum, ĕre, 3 tr. (v.)
~로 몰고 가다, 상륙하다/시키다

appĕto(adp−), is, pĕtīvi(pĕtĭi), pĕtītum, ĕre, 3 tr.
(v.) 몹시 원하다, 추구하다, 얻으려고 노력
하다

approppinquo(adp−), ās, āvi, ātum, āre, 1 intr.
(v.) 다가가다 (오다), 접근하다

ăpŭd, (praep.) 근처에, 옆에, ~에, (민족) ~에게
있어서, (출처) ~의 책에 의하면

ăqua, −ae, (n.) f. 물

ăquĭla, −ae, (n.) f. 독수리

Ăquītānĭa, −ae, (n.) f. 아퀴타니아(갈리아의 한 지방, 오늘날 프랑스 남서부, 현 지명은 Aquitaine)

ărātrum, −i, (n.) n. 쟁기

Ăraxēs, −is, (n.) m. 아라스 강(터키 북동부에서 발원하여 Armenia를 거쳐 카스피 해로 흐르는 강)

arbĭtĕr, arbitri, (n.) m. 심판

arbĭtror, āris, ātus sum, āri, 1 dep. tr. (v.) 생각하다, 목격하다, 판결하다

arbŏr, −ŏris, (n.) f. 나무

arca, −ae, (n.) f. 상자, (성경) 노아의 방주

arcĕo, es, arcŭī, ēre, 2 tr. (v.) 가까이 오지 못하게 하다

arcŭs, −ūs, (n.) m. (dat. et abl. pl. ŭbus) 활, 무지개, 아치

ardĕo, es, arsi, arsūrus, ēre, 2 intr. (v.) (욕망, 사랑) 불타다, 열렬히 사랑하다

ardŏr, −ōris, (n.) m. 화염, 화재, 열정, 열화

ardŭus, −a, −um, (adj.) 어려운, 힘든

argentum, −i, (n.) n. 은, 돈

argūmentum, −i, (n.) n. 논증, 주제, 내용

ărĭēs, −ĕtis, (n.) m. 숫양

arma, −ōrum, (n.) n. pl. 병기, 무기

armātūra, −ae, (n.) f. 무장

armātus, −a, −um, (adj.) 무장한; (n.) m. pl. 군대, 무장 군인

ăro, as, āvi, ātum, āre, 1 tr. (v.) 밭을 갈다, 경작하다

ars, artis, (n.) f. 예술

artus, −a, −um, (adj.) 압축된, 깊이 잠든

artŭs, −ūs, (n.) m. 관절, 사지(두 팔과 다리)

arx, arcis, (n.) f. 성채, 요소

ăsĭnus, −i, (n.) m. 당나귀, 바보

aspĕr, −ĕra, −ĕrum, (adj.) 거친, 험한, 불친절한, 사나운, 모진

aspĕrē, (adv.) 거칠게, 호되게

aspĭcĭo, is, spexi, spectum, ĕre, 3 tr. (v.) 바라보다, 쳐다보다

aspīro(ads−), as, āvi, ātum, are, 1 intr. (드물게) tr. (v.) 발음하다, 갈망하다, 입김을 불어 주다

aspis, aspĭdis, (n.) f. 살무사

assentĭor, īris, sensus sum, īri, 4 dep. intr. (v.) 찬성하다, 동의하다

as(ad)sĕquor, ĕris, sĕcūtus sum, sĕqui, 3 dep. tr. (v.) 성취하다, 얻다

assĭdŭo(ads−), (adv.) 열심히, 꾸준히

assĭdŭus(ads−), −a, −um, (adj.) 늘 옆에 있는, 정주(定住)하는

astĭpŭlor(adstipul−), āris, ātus sum, āri, 1 dep. intr. (v.) 계약을 보증하다, 추종하다

ăt, (conj.) (앞에 나온 것에 반대) 그러나; (이야기의 전개, 청중의 관심) 그런데, 한편

ātĕr, ātra, ātrum, (adj.) 어두운, 검은

Ăthēnae, −ārum, (n.) f. pl. 아테네

Ăthēnĭenses, −ĭum, (n.) m. pl. 아테네 사람들

Ăthēnĭensis, −e, (adj.) 아테네인의

ătŏmus, −i, (n.) f. 원자

atquĕ(ăc), (conj.) ~와, ~과, 그리고 또, 게다가

atquī, (adv.) 그런데, 그래도

ătrox, −ōcis, (adj.) 잔인한, 무자비한, 끔찍한, 참혹한

attentus(adt−), −a, −um, (adj.) 주의 깊은, 근면한

attingo(adt−), is, tĭgi, tactum, ĕre, 3 tr. (v.) 손대다, 엄습하다, 전념하다

attrĭbŭo(adtr−), is, trĭbŭi, trĭbūtum, ere, 3 tr.

(v.) 지정해 주다, 분배하다, 할당하다

auctŏr, −ōris, (n.) m. 권위자, 주동자, 저자, 창
  조자, 설립자

auctōrĭtās, −ātis, (n.) f. 권위, 전권, (가장, 후견
  인의) 동의

audācĭa, −ae, (n.) f. 용기, 무모함

audax, −ācis, (adj.) 대담한, 담대한, 넉살좋은

audens, audentis, (adj.) 용감한

audĕo, es, ausus sum, ēre, 2 semidep. tr. (v.)
  감히~하다, 감행하다, 모험하다

audĭo, is, īvi(ĭi), ītum, īre, 4 tr. (v.) 듣다

audītŭs, −ūs, (n.) m. 청각, 강의 내용, 연설 내용

aufĕro, aufers, abstŭlī, ablātum, auferre, anom.
  tr. (v.) 운반해 가다

augĕo, es, auxi, auctum, ēre, 2 tr. (v.) 증가하다,
  자라게 하다, 더 발전시키다, 성장하다

aurĕus, −a, −um, (adj.) 금의, 금으로 만든

auris, −is, (n.) f. 귀; pl. 청각

aurum, −i, (n.) n. 금

ausculto, as, āvi, ātum, āre, 1 tr. et intr. (v.)
  듣다, 경청하다

auspĭcor, āris, ātus sum, āri, 1 dep. tr. (v.) 시작
  하다, 창건하다

aut, (conj.) ~든지, ~거나, 혹은, 또는

autem, (adv.) 그러나, 그런데 더, 그 밖에

autumnum, −i, (n.) n. 가을

autumnus, −i, (n.) m. 가을

auxĭlĭa, −ōrum, (n.) n. pl. 증원군

auxĭlĭum, −ĭi, (n.) n. 도움, 원조

auxĭlĭor, āris, ātus sum, āri, 1 dep. intr. (v.)
  도와주다, 치료하다

ăvĭdē, (adv.) 욕심내어, 게걸스럽게

ăvis, avis, (n.) f. 새

āvŏco, as, āvi, ātum, āre, 1 tr. (v.) 물러나게(멀

어지게) 하다

ăvus, −i, (n.) m. 할아버지

B

Băbylōn, −ōnis, (acc. Babylona) (n.) f. 바빌로
　니아

barba, −ae, (n.) f. 턱수염

barbărus, −a, −um, (adj.) 미숙한, 미개한, 야만의

barbărus, −i, (n.) m. 야만인

bāsĭo, as, āvi, ātum, āre, 1 tr. (v.) (+acc.) 입
　맞추다

băsis, −is(ĕos), (n.) f. 기초, 토대 (acc. băsim et
　băsem; abl. băsi)

bĕātus, −a, −um, (adj.) 행복한, 복된

Belgae, −ārum, (n.) m. pl. 벨기에 사람

Belgĭum, −ĭi, (n.) n. 벨기에(갈리아의 벨기에
　부분)

bellŭa(bēlŭa), −ae, (n.) f. 짐승, 야수, 맹수

bellum, −i, (n.) n. 전쟁

bĕnĕ, (adv.) 좋게, 잘

bĕnĕfĭcĭum, −ĭi, (n.) n. 은혜, 은총, 특전, 특권

bĕnĕfĭcus, −a, −um, (adj.) 남에게 잘해 주는

bĕnĕvŏlentĭa, −ae, (n.) f. 친절, 호의, 자비

bĕnĕvŏlus, −a, −um, (adj). 호의적인

bĕnignē, (adv.) 너그럽게, 호의를 갖고, 기꺼이

bestĭa, −ae, (n.) f. 짐승

bĭbo, is, bĭbi, (bĭbĭtum), ĕre, 3 tr. (v.) 마시다,
　(감정) 빠지다

bīdŭănus, −a, −um, (adj.) 이틀이 된

bĭdŭum, −i, (n.) n. 이틀

bĭennis, −e, (adj.) 2년의

bĭennĭum, −ĭi, (n.) n. 2년, 2년의 기간

bĭmestris(=bĭmenstris), −e, (adj.) 2개월의, 2개
　월마다의

bīni, bīnae, bīna, (adj.) 둘씩, 두 개의

bĭs, (adv.) 두 번, 갑절로

blandĭor, īris, ītus sum, īri, 4 dep. intr. (v.)

(+gen.) 아첨하다, 알랑거리다, 유혹하다

bŏna, −ōrum, (n.) n. pl. 재산, 행운

bŏnum, −i, (n.) n. 선, 좋은 것

bŏnus, −a, −um, (adj.) 좋은, 적합한, 착한

bŏrĕās, −ae, (n.) m. 북풍

brāchĭum(bracch−), −ĭi, (n.) n. 팔, (나무의) 가지

brĕvis, −e, (adj.) 짧은

Brĭtannĭa, −ae, (n.) f. 영국

Brĭtanni, −ōrum, (n.) m. pl. 영국인들

Brundĭsĭum, −ĭi, (n.) n. 브룬디시(이탈리아
　Calabria의 고대 항구 도시명, 오늘날 브룬
　디시)

būris, −is, (n.) f. 쟁기, 자루

C

cădo, is, cĕcĭdi, (part. fut.) cāsūrus, cādĕre, 3 intr. (v.) (해, 달, 별이) 지다, 떨어지다, 죽다, 전사하다

cădūcus, −a, −um, (adj.) 잠시 지나가는, 떨어지는

Caecĭna, −ae, (n.) m. 채치나(Licinia족의 가문 명)

caecus, −a, −um, (adj.) 소경의, 눈먼

caedēs, −is, (n.) f. 학살, 살해, 유혈

caedo, is, cĕcidi, caesum, caedĕre, 3 tr. (v.) 베다, 자르다, 죽이다, 학살하다

caelātus, −a, −um, (caelo 동사의 과거분사) 새겨진, 장식한

caelum, −i, (n.) n. 하늘, 일기(日氣), 공기, 천국

caestŭs, −ūs, (n.) m. 권투 장갑, (승마, 검도용) 긴 장갑

calcĕus, −i, (n.) m. 신, 구두

călĭdus, −a, −um, (adj.) 따뜻한, 더운

cālīgo, −gĭnis, (n.) f. 짙은 안개, 구름, 연무, (눈앞이) 희미함, 우울

călŏr, −ōris, (n.) m. 열, 불타는 사랑, 더위

campestĕr(campestris), campestris, campestre (adj.) 평야의, 들판의, 평평한

candĭdātus, −a, −um. (adj.) 흰옷을 입은, 흰옷의

candĭdātus, −i, (n.) m. 후보자

cănis, cănis, (n.) m./f. 개

cannăbis, −is, (n.) f. 삼, 마(麻)

Cannae, −ārum, (n.) f. pl. (지명) 칸나에

Cannensis, −e, (adj.) 칸나에의

căno, is, cĕcĭni, cantum, ĕre, 3 intr. et tr. (v.) 노래하다, 연주하다, 읊다

canto, as, āvi, ātum, āre, 1 intr. et tr. (v.) 노래하다

cantŭs, −ūs, (n.) m. 노래

căpella, −ae, (n.) f. (암컷) 염소

căpillus, −i, (n.) m. 머리털, 모발, 수염

căpĭo, is, cēpi, captum, ĕre, 3 tr. (v.) 체포하다, 잡다, 이해하다, 받아들이다, (계획을) 세우다, 당하다

căpĭtăl, căpĭtālis, (n.) n. 중죄, 사형에 처할 만한 죄

Căpĭtōlĭum, −ĭi, (n.) n. 카피톨리움(오늘날 캄피돌리오)

Căpŭa, −ae, (n.) f. 카푸아(Campana 시)

căput, capitis, (n.) n. 머리

carbo, −ōnis, (n.) m. 숯

carcĕr, carcĕris, (n.) m. 감옥, 교도소; (보통 pl.) 경주 출발점

cărĕo, es, cărŭī, cărĭtūrus, ēre, 2 intr. (v.) 없다, 결여되어 있다

carior, (cārus의 비교급) 더 귀중한

cārĭtās, −ātis, (n.) f. 사랑

carmĕn, carmĭnis, (n.) n. 시, 노래

căro, carnis, (n.) f. 고기

Carthāgo, −ĭnis, (n.) f. 카르타고(북아프리카에 있는 도시명)

cārus, −a, −um, (adj.) 귀한, 비싼, 사랑스러운

căsa, −ae, (n.) f. 집

castellum, −i, (n.) n. 요새, 성

castīgātĭo, −ōnis, (n.) f. 징벌, 징계

Căto, Cătōnis, (n.) m. 카토

castra, −ōrum, (n.) n. pl. 야영, 진영

castrum, −i, (n.) n. 성(成), 성채

cāsŭs, −ūs, (n.) m. 경우, 사건, 사고; (문법) 격, cāsŭs nōmĭnātīvus 주격

causa, −ae, (n.) f. 소송, 원인, 문제, 사건

căvĕo, es, cāvi, cautum, ĕre, 2 intr. et tr. (v.)

(+acc.) 조심하다, 경계하다; (+dat.) 보살
피다

căvo, as, āvi, ātum, are, 1 tr. (v.) 움푹하게 하다,
속을 파내다, 구멍을 뚫다

cēdo, is, cessi, cessum, ĕre, 3 intr. et tr. (v.)
가 버리다, 사라지다, 양보하다

cĕlĕbĕr, celebris, celebre, (adj.) 번화한, 군중이
운집한, 유명한

cĕlĕbro, as, āvi, ātum, āre, 1 tr. (v.) 거행하다,
축제를 지내다

cĕlĕr, cĕlĕris, cĕlĕre, (adj.) 빠른, 신속한 (비교급
celerior, 최상급 celerrimus)

cĕlĕrĭtās, −ātis, (n.) f. 빠름, 속력

cella, −ae, (n.) f. 작은 방, 곳간, 곡물 창고, 광;
cella penaria 식료품 저장실

cēno, as, āvi, ātum, āre, 1 (v.) intr. 점심(저녁)
먹다; tr. 먹다

censĕo, es, censŭi, censum, ēre, 2 tr. (v.) 호구조
사하다

censŏr, −ōris, (n.) m. 검열관, 감찰관

censŭs, −ūs, (n.) m. 인구조사

centum, (num. indecl.) 백

centŭrĭo, −ōnis, (n.) m. 백부장, 백인대장

cĕrăsus, −i, (n.) f. 벗나무, 버찌

cerno, is, crēvi, crētum, ĕre, 3 tr. (v.) 분별(구
별)하다, 판단(판결)하다, 추리다, 이해하다,
밝히다

certāmen, −mĭnis, (n.) n. 전투, 경기

certātĭm, (adv.) 경쟁적으로

certē, (adv.) 확실히, 그렇다 해도, 분명, (대답)
확실히, 물론

certĭōrem(certum) aliquem facere ~에게 알려
주다

certō(certē), (adv.) 확실히

certo, as, āvi, ātum, āre, 1 intr. (v.) 싸우다, 다투
다, 논쟁하다

certus, −a, −um, (adj.) 확실한, 명백한, 신의 있는

cervix, −īcis, (n.) f. 목, 어깨

cessātŏr, −ōris, (n.) m. 게으름뱅이

cētĕri, (n.) m. pl. 다른 사람들

cētĕrum, (adv.) 그 밖에

cētĕrus, −a, −um, (adj.) 그 밖의, 기타의, 나머지

chārĭtās(cārĭtās), −ātis, (n.) f. 사랑, 애덕, 자선

christĭānus, −i, (n.) m. 그리스도인

Christus, Christi, (n.) m. 그리스도

cĭbus, −i, (n.) m. 음식

cīngo, īs, cīnxī, cīnctum, ĕre, 3 tr. (v.) 휘감다,
두르다

circā(circĭtĕr, circum), (praep.) 주위에, 부근에,
무렵에, (수효) 가량

Circenses, −ĭum, (n.) m. pl. (고대 로마의) 원형
경기장에서의 경기

circĭtĕr(circa, circum), (praep.) 주위에, 부근에,
무렵에, (수효) 가량

circŭlor, āris, ātus sum, āri, 1 dep. intr. (v.)
집단을 이루다, 몰리다

circum(circa, circiter), (praep.) 주위에, 둘레에,
(수효) 가량

cīrcumdo, as, dĕdĭ, dătum, dăre, 1 tr. (v.) 둘러
싸다

circumsto, as, stĕti, āre, 1 (v.) intr. 둘러서 있다;
tr. 에워싸다

circumvĕnĭo, is, vēni, ventum, īre, 4 tr. (v.) 주
위로 몰려오다, 에워싸다, 포위하다

circus, −i, (n.) m. 원, 천체의 궤도, 경기장

cĭs(citra), (praep.) 이쪽에, (시간) 안으로, 이
내에

cĭtō, (adv.) 빨리, 민첩하게, 손쉽게; cĭtius(cĭtō

의 비교급 부사) 더 빨리; citissime(cĭtō의 최
상급 부사) 가장 빨리

cĭto, as, āvi, ātum, āre, 1 tr. (v.) 재촉하다, 서둘
러 하다

cĭtrā(cĭs), (praep.) 이쪽에; (시간) 안으로, 이
내에

cīvīlis, −e, (adj.) 시민의, 시민적

cīvis, cīvis, (n.) m./f. 시민

cīvĭtās, −ātis, (n.) f. 도시, 국가, 도시국가

clādēs(is), −is, (n.) f. 패전, 참패, 재앙, 재난

clăm, (adv. praep.) 몰래, 숨어서

clāmo, as, āvi, ātum, āre, 1 intr. et tr. (v.) 외치다

clāmŏr, −ōris, (n.) m. 고함소리, 외침

clārē, (adv.) 유명하게

clārus, −a, −um, (adj.) 유명한, 밝은, 맑은

classis, −is, (n.) f. 계급, 부류, 범주, 학급, 함대

claudo, is, clausi, clausum, ĕre, 3 tr. (v.) 닫다,
잠그다, 막다

clausus, −a, −um, (adj.) 닫힌, 폐쇄된

clāvis, −is, (n.) f. 열쇠

clēmens, clēmentis, (adj.) 어진, 관대한, (바람
이) 온화한, (지형이) 완만한

clēmentĭa, −ae, (n.) f. 어짊, 관대, 인자(仁慈)

Clĕōn, −ōnis, (n.) m. 클레온(아테네의 가죽 상
인, 페리클레스의 후계자)

clĭpĕus(clypeus), −i, (n.) m. 방패

cŏăcesco, is, ăcŭi, ĕre, 3 intr. (v.) 시큼해지다,
신맛이 나다, 난폭해지다

coepĭo, is, coepi, coeptum, ĕre, 3 tr. et intr. (v.)
시작하다, 착수하다

cōgĭtātĭo, −ōnis, (n.) f. 생각, 사고

cōgĭto, as, āvi, ātum, āre, 1 tr. (v.) 생각하다,
상상하다

cognĭtus, −a, −um, (adj.) 알려진

cognosco, is, cognōvi, cognĭtum, ĕre, 3 tr. (v.)
알다, 인식하다

cōgo, is, cŏēgi, cŏactum, ĕre, 3 tr. (v.) 강제(강
요)하다, 결론짓다, 추론하다

cŏhortor, āris, ātus sum, āri, 1 dep. tr. (v.) 격려
하다, 독려하다

cŏĭtŭs, −ūs, (n.) m. 결합, 성교

collābor, ĕris, lapsus sum, lābi, 3 dep. intr. (v.)
쓰러지다, 함몰하다

collĭgo, īs, lēgi, lectum, ĕre, 3 tr. (v.) 모으다

collis, −is, (n.) m. 언덕, 야산

collŏquĭum, −ĭi, (n.) n. 회담, 대화

collŏquor, ĕris, lŏcūtus sum, lŏqui, 3 dep. intr.
et tr. (v.) 담화하다, 함께 이야기하다

collum, −i, (n.) n. 목

cŏlo, is, cŏlŭi, cultum, ĕre, 3 tr. (v.) 갈다, 보살
피다, 공경하다, 덕을 닦다

cŏlōnus, −i, (n.) m. 농부

cŏlŏr, −ōris, (n.) m. 빛, 색깔

cŏlumba, −ae, (n.) f. 비둘기

cŏlumna, −ae, (n.) f. 돌기둥

cŏmĕdo, is, ēdi, ēsum(estum), ĕre, 3 tr. (v.) 먹
다, 먹어 치우다, 소비하다

cŏmĕs, cŏmĭtis, (n.) m./f. 동반자, 반려자, 짝,
수행원, 추종자, 신하

cŏmĭtātŭs, −us, (n.) m. 수행원

cŏmĭtĭa, −ōrum, (n.) n. pl. 국민회의, 민회

commētĭor, īris, mensus sum, īri, 4 dep. tr. (v.)
측량하다, 재다, 대조하다, 비교하다

commīlĭto, −ōnis, (n.) m. 전우, 동료

commĭnŭo, is, mĭnŭi, mĭnūtum, ĕre, 3 tr. (v.)
깨부수다, 감소시키다

commĭnŭs, (adv.) 가까이에, 즉시

committo, is, mīsi, missum, ĕre, 3 tr. (v.) 맡기

다, 위탁하다, 일임하다, (잘못을) 저지르다

commŏdum, −i, (n.) n. 편의; pl. 이익, 이득

commŏrātĭo, −ōnis, (n.) f. 체류

commŏror, āris, ātus sum, āri, 1 dep. (v.) intr. 머물다, 체류(지체)하다; tr. 지연시키다

commŏvĕo, es, mōvi, mōtum, ēre, 2 tr. (v.) 움직이게 하다, 감동시키다

commūnĭo, is, īvi(ĭi), ītum, īre, 4 tr. (v.) 요새화하다, 강화하다, (비유) 방어하다

commūnis, −e, (adj.) 공동의, 공통된, 모두에게 해당되는, 서민적인

complector, tĕris, complexus sum, plecti, 3 dep. tr. (v.) 포함하다, 파악하다, 휘감다

complĕo, es, plēvi, plētum, ēre, 2 tr. (v.) 채우다, 완성하다, 가득 차게 하다

complūres, complūra(드물게 complūrĭa), (adj.) 다수의, 여러; (n.) m./f. 상당수의 사람, n. 많은 것

compōno, is, pŏsŭi, pŏsĭtum, ĕre, 3 tr. (v.) 모아놓다, 타결하다, 조정하다, 작성하다

concēdo, is, cessi, cessum, ĕre, 3 intr. et tr. (v.) 양보하다

concīdo, is, cīdi, cīsum, ĕre, 3 tr. (v.) 무너지다, 전사하다, 붕괴하다

concĭlĭum, −ĭi, (n.) n. 의회, 평의회, 국민회의, (로마 가톨릭) 공의회

concors, −cordis, (adj.) 화목한, 일치하는

concrĕmo, as, āvi, ātum, āre, 1 tr. (v.) 태우다

concurro, is, curri, cursum, ĕre, 3 intr. (v.) 함께 뛰다, 모여들다, 경쟁하다, 생기다

condĭcĭo, −ōnis, (n.) f. 조건, 계약 조항, 신분, 지위, 처지

condĭtus, −a, −um, (adj. condo의 과거분사) 창건된

confĕro, fers, contŭli, conlātum, conferre, anom. tr. (v.) 한데 모으다, 기여하다, 비교(참조)하다

confestim, (adv.) 즉시

confĭcĭo, is, fēci, fectum, ĕre, 3 tr. (v.) 마치다, 완성(이행, 수행, 집행)하다

confīdo, is, fīsus sum, ĕre, 3 semidep. (v.) [(+dat.) (+abl.) (+in abl.)] 믿다, 신뢰하다

confĭtĕor, ēris, confessus sum, ēri, 2 dep. tr. (v.) 자백(인정, 시인, 고백)하다

conflīgo, is, flixi, flictum, ĕre, 3 (v.) tr. 대조(비교)하다; intr. 싸우다

confŭgĭo, is, fūgi, ĕre, 3 intr. (v.) 도피하다, 피난하다, 피난처로 삼다, ~에 호소하다

Confutius(Confucius), −i, (n.) m. 공자

conĭcĭo, is, iēci, iectum, ĕre, 3 tr. (v.) 던지다, 밀어 넣다, 추측하다

conĭŭgĭum, −ĭi, (n.) n. 부부, 부부 생활, 결혼

conĭūrātĭo, −ōnis, (n.) f. 음모, 선서, 동맹, 반란

cōnnītor, ĕris, nīsus(nixus) sum, nīti, 3 dep. intr. (v.) 함께 힘쓰다, 애쓰다, 분만하다

cōnor, āris, ātus sum, āri, 1 dep. tr. (v.) (부정법 요구) 시도하다, 노력하다

conquĕror, ĕris, questus sum, quĕri, 3 dep. tr. et intr. (v.) 원망하다, 한탄하다, 불평하다

conquīro, is, quīsīvi, quīsītum, ĕre, 3 tr. (v.) 두루 찾다, 열심히 구하다

conscendo, is, scendi, scensum, ĕre, 3 intr. et tr. (v.) 오르다, 올라타다

conscĭo, is, īre, 4 tr. (v.) 알다, 깨닫다, 의식하다

conscĭus, −a, −um, (adj.) 의식하고 있는, 죄책감 있는, 공모한

conscrībo, is, scripsi, scriptum, ĕre, 3 tr. (v.) 징집하다, 기술(저술)하다

cŏnsector, āris, ātus sum, āri, 1 dep. tr. (v.) 추종하다, 추구하다, 말을 흉내 내다

consĕdĕo, es, ēre, 2 intr. (v.) 같이 앉아 있다

consĕquor, ĕris, sĕcūtus sum, sĕqui, 3 dep. tr. (v.) 뒤따르다, 도달하다, 성취하다

conservo, as, āvi, ātum, āre, 1 tr. (v.) 보존하다, 보호하다

consīdĕro, as, āvi, ātum, āre, 1 tr. (v.) 살펴보다, 깊이 생각하다, 심사숙고하다

consīdo, is, sēdi, sessum, ĕre, 3 intr. (v.) 함께 앉다, 정주하다, 활동을 쉬다, (군대) 포진하다, 주둔하다

consīlĭum, -ĭi, (n.) n. 의논, 조언, 의견, 결심, 결정, 목적

consisto, is, stĭti, ĕre, 3 intr. (v.) 멈춰서다, 구성하다, 있다

consōlātĭo, -ōnis, (n.) f. 위로, 위안, 격려

consōlor, āris, ātus sum, āri, 1 dep. tr. (v.) 위로하다, 격려하다

constans, -antis, (adj.) 굳건히 서 있는, 꾸준한

constantĕr, (adv.) 한결같이

constantĭa, -ae, (n.) f. 항구성, 꾸준함, 영속성

Constantīnŏpŏlis, -is, (n.) f. 콘스탄티노폴리스 (오늘날 이스탄불)

constĭtŭo, is, stĭtŭi, stĭtūtum, ĕre, 3 tr. (v.) 세우다, 구성(제정, 결심)하다, 설립하다

consto, as, stĭti, (part. fut.) constātūrus, āre, 1 intr. (v.) 값이 얼마이다, 성립되다, 알려진 사실이다

consuesco, īs, suēvī, suētum, ĕre, 3 tr. (v.) 익숙해지다, 익숙해지게 하다

consŭl, -sŭlis, (n.) m. (로마 시대) 집정관, 지방 총독; (중세) 자치도시의 장(통령), 각 단체 장; (15세기) 영사

consŭlātŭs, -us, (n.) m. 집정관 직

consŭlo, is, sŭlŭi, sultum, ĕre, 3 (v.) intr. 돌보다; tr. (+acc.) ~에게 묻다, 의논하다

consulto, as, āvi, ātum, āre, 1 (v.) intr. 숙고하다, 염려하다; tr. 숙고하다, 검토하다

consūmo, is, sumpsi, sumptum, ĕre, 3 tr. (v.) 소비하다, (시간을) 보내다

contemno, is, tempsi, temptum, ĕre (v.) 경멸하다, 업신여기다, 멸시하다

contemplor, āris, ātus sum, āri, 1 dep. tr. (v.) 자세히 보다, 관찰하다, 명상하다

contemptĭo, -ōnis, (n.) f. 멸시, 경멸, 무시

contendo, is, tendi, tentum, ĕre, 3 (v.) intr. 얻으려고 노력하다; tr. ~을 향해 빨리 가다, 시도(노력)하다

contentus, -a, -um, (adj.) 만족한

contĭnens, contĭnentis, (contĭnĕo의 현재분사, adj.) 이웃의, 가까운; 연속되는, 계속되는

contĭnĕo, es, tĭnŭi, tentum, ēre, 2 tr. (v.) 계속하다, 유지하다, 포함하다

contĭnŭō, (adv.) 즉시

contĭo, -ōnis, (n.) f. 집회, 연설

contĭōnor, āris, ātus sum, āri, 1 dep. intr. (v.) 연설하다, 설교하다

contrā, (adv.) 반대로

contrārĭus, -a, -um, (adj.) 반대편의, 반대되는, 상반되는, 어긋나는

contŭĕor, ēris, tŭitus sum, ēri, 2 dep. tr. (v.) 자세히 보다, 헤아려 생각하다

contŭmēlĭa, -ae, (n.) f. 학대, 폭행, 모욕

convălesco, is, vălŭi, ĕre, 3 intr. (v.) 건강을 회복하다

convĕnĭo, is, vēni, ventum, īre, 4 intr. et tr. (v.) 같이 오다, 만나다, 모여들다, 일치되다, 합의

되다

conventŭs, −ūs, (n.) m. 모임, 심의회, 협정, 계약

cŏordĭnātio, −ōnis, (n.) f. 동등한 위치에 놓음

cōpĭa, −ae, (n.) f. 많음, 다량; pl. 재산, 식량, 군대

cōpŭlo, as, āvi, ātum, āre, 1 tr. (v.) 결합하다, 공고히 하다, 결혼하다

cŏr, cordis, (n.) n. 마음, 심장, 애정, 관심; Virgĭnibus cordi forma sua est. 처녀들은 자신들의 용모에 큰 관심을 둔다.

cōrăm, (praep.) 앞에서, 면전에, 드러나게, 대중 앞에서

Corĕănus, −a, −um, (adj.) 한국의; (n.) m/f. 한국인

cornū, −ūs, (n.) n. 뿔, 신호나팔, 힘, 능력, 용기

cŏrōna, −ae, (n.) f. 화관, 왕관, 장식, 자랑

corpŭs, −pōris, (n.) n. 몸, 신체, 주요부, 본문

corrumpo, is, rūpi, ruptum, ĕre, 3 tr. (v.) 변질되게 하다, 문란케 하다

cŏtīdĭē, (adv.) 날마다

crās, (adv.) 내일

crĕātĭo, −ōnis, (n.) f. 창조

crĕātŏr, −ōris, (n.) m. 창조주, 창설자

crēbrō, (adv.) 자주

crēdo, is, dĭdi, dĭtum, ĕre, 3 intr. et tr. (v.) 믿다

crĕo, as, āvi, ātum, āre, 1 tr. (v.) 창조하다, 선출하다; crĕāre aliquem consulem ~를 집정관으로 선출하다

cresco, is, crēvi, crētum, ĕre, 3 intr. (v.) 발생하다, 늘어나다, 성장하다

Crētĭcus, −a, −um, (adj.) 크레타 섬의

crīnis, −is, (n.) m. 머리털, 두발

crūdēlis, −e, (adj.) 포악한, 잔인한

cŭbo, as, cŭbŭi, cŭbĭtum, āre, 1 intr. (v.) 가로눕다, 누워 자다, 자다

cūi(j)ās, cūi(j)ātis (pron.) 누구의, 누구에게 속한

cūius, −a, −um, (pron. rel.) 누구의

culpa, −ae, (n.) f. 잘못, 죄, 과오

culpo, as, āvi, ātum, āre, 1 tr. (v.) 책망하다, 비난하다

cultĕr, −tri, (n.) m. 작은 칼, 주머니칼, 식칼

cŭm, (adv.) ~하기 때문에; (praep.) 때에, ~와 동시에, (동반, 상대) 한가지로, 함께, 더불어, ~와(과), (모양) 어떠하게 ~하기 때문에

Cūmae, −ārum, (n.) f. pl. 쿠마(오늘날 남부 이탈리아의 캄파니아 지방)

cŭmŭlo, as, āvi, ātum, āre, 1 tr. (v.) 쌓다, 축적하다, 모으다

cunctus, −a, −um, (adj.) 온, 전(全), 모든

cŭpĭdĭtās, −ātis, (n.) f. (긍정적 의미) 욕망, 갈망; (부정적 의미) 탐욕, 야심, 욕정

cŭpĭdus, −a, −um, (adj.) (+gen., in+abl.) 갈망하는, 좋아하는

cŭpĭens, cŭpĭentis, (cupio 동사의 현재분사) 탐하는, 열망하는

cŭpĭo, is, īvi(ĭi), ītum, cupĕre, 3 tr. (v.) 몹시 원하다, 열망하다

cuprum, −i, (n.) n. 구리, 동, 원소기호 Cu

cūr, (adv.) 왜

cūra, −ae, (n.) f. 조심, 관심, 배려, 보살핌, 걱정

cūro, as, āvi, ātum, āre, 1 tr. (v.) 돌보다, 보살피다, 간호하다, 걱정하다, 치료하다

curro, is, cŭcurri, cursum, ĕre, 3 intr. (v.) 달리다, 뛰다

cursŏr, −ōris, (n.) m. 경주자, 편지 배달부

cursŭs, −ūs, (n.) m. 수레, 차, 뜀, 천체의 운행, 진로

custōdĭa, −ae, (n.) f. 지킴, 보관, 수호, 보호, 경
  비, 감금
custōdĭo, is, īvi(ĭi), ītum, īre, 4 tr. (v.) 지키다,
  수호하다
custōs, −ōdis, (n.) m./f. 수호자, 경비병

D

damno, as, āvi, ātum, āre, 1 tr. (v.) 처벌(처형)
  하다, 형을 선고하다, 단죄하다
damnum, −i, (n.) n. 손해, 손실, 벌금, 쇠퇴
Dāvīd, (n.) m. indecl. 다윗(이스라엘의 다윗 왕)
dē, (praep.) (장소) 아래로, 에서, 로부터; (시간)
  후에, 직후에, 동안에, 때에; (제목, 이유, etc.)
  대하여, 관하여, 따라, 중에서
dĕa, −ae, (n.) f. 여신
dĕambŭlātĭo, −ōnis, (n.) f. 산보
dĕambŭlo, as, āvi, ātum, āre, 1 intr. (v.) 산책하
  다, 거닐다
dēbĕo, es, ūi, ĭtum, ēre, 2 tr. (v.) 빚지다; (+
  inf.) ~해야 한다
dēcēdo, is, cessi, cessum, ĕre, 3 intr. (v.) 물러나
  다, 떠나다, 사라지다, 포기하다
dĕcemplex, −plĭcis, (adj.) 열 겹의, 열 배의
dĕcemvĭr, −vĭri, (n.) m. 십인위원회
dēcerno, is, crēvi, crētum, ĕre, 3 tr. (v.) 결정하
  다, 결심하다
dēcĭdo, is, cĭdi, ĕre, 3 intr. (v.) 떨어지다, 빠지
  다, 죽다, 패배하다
dēcĭdo, is, cĭdi, cīsum, ĕre, 3 tr. (v.) 잘라 내다,
  결정하다, 합의하다
dēcĭpĭo, is, cēpi, ceptum, ĕre, 3 tr. (v.) 속이다,
  잊다, (마음을) 달래다
dēclāro, as, āvi, ātum, āre, 1 tr. (v.) 말해 주다,
  천명하다, 선포(공포)하다
dēclīnātĭo, −ōnis, (n.) f. 기울임, 구부림, 이탈,
  어미변화
dĕcōrus, −a, −um, (adj.) 합당한, 아름다운, 품위
  있는
dĕcŭmānus, −a, −um, (adj.) 십일조의, 제10군단
  의, 제10보병대의

dēdĕcor, dēdĕcŏris, (adj.) 불명예스러운, 망신
　스러운

dēdĕcŭs, −ŏris, (n.) n. 망신, 수치, 악행

dēdĭco, as, āvi, ātum, āre, 1 tr. (v.) 신고하다,
　봉헌하다

dēdo, is, dĭdi, dĭtum, ĕre, 3 tr. (v.) 주다, 바치다

dēdūco, is, duxi, ductum, ĕre, 3 tr. (v.) 빼다,
　데리고 가다, 데려다 맡기다, 인도하다

dēfătīgo, as, āvi, ātum, āre, 1 tr. (v.) 피로하다,
　지치다

dēfendo, is, fendi, fensum, ĕre, 3 tr. (v.) 지키다,
　방어하다

dēfensŏr, −ōris, (n.) m. 방어자, 수호자

dēfĕro, fers, tŭli, latum, ferre, tr. anom. (v.) 가
　져가다, 넘겨주다, 전하다, 보고하다

dēfungor, ĕris, functus sum, fungi, 3 dep. intr.
　(v.) 이행하다, 완수하다, 죽다

dĕhinc, (adv.) 지금부터

dēĭcĭo, is, deiēci, deiectum, ĕre, 3 tr. (v.) 내동댕
　이치다, 빼앗다

dĕin(dĕindĕ), (adv.) 거기서부터, 그다음에, 그
　후, 이어서

dēlābor, ĕris, lapsus sum, lābi, 3 dep. intr. (v.)
　떨어지다, 빠지다

dēlecto, as, āvi, ātum, āre, 1 tr. (v.) 즐겁게 하다,
　매혹(매료)하다; oves delectare 양을 먹이다;
　(수동+abl.) 기뻐하다, 즐거워하다

dēlĕndus, −a, −um, (dēlĕo의 동형사, 미래 수동
　분사) 없애 버린, 폐허로 만든, 섬멸한

dēlĕo, es, ēvi, ētum, ēre, 2 tr. (v.) 파괴하다,
　지우다, (적군을) 섬멸하다

dēlĭcĭae, −ārum, (n.) f. pl. 즐거움, 쾌락

dēlīgo, is, lēgi, lectum, ĕre, 3 tr. (v.) 고르다,
　선출/선발/선택하다

dēlinquo, quis, līqui, lictum, ĕre, 3 intr. (v.) 잘
　못하다, 죄짓다

Delphi, −ōrum, (n). m. pl. 델피

dēmĕrĕor, ēris, ēri, 2 dep. tr. (v.) (일하여) 벌다,
　호감을 사다

dēmētīor, īris, mensus sum, metīri, 4 dep. tr.
　(v.) 측량하다, 계량하다, 할당하다

dēmŏcrătĭa, −ae, (n.) f. 민주주의

dēmŏlīor, īris, ītus sum, īri, 4 dep. tr. (v.) 헐다,
　뒤엎다

dēmonstro, as, āvi, ātum, āre, 1 tr. (v.) 나타내
　다, 보이다, 전시하다

dēmum, (adv.) 드디어, 마침내, 그야말로, 바로,
　특히

dēnārĭus, −ĭi, (n.) m. 데나리우스(은화)

dēnĭquĕ, (adv.) 마침내

dens, dentis, (n.) m. 이, 치아

dēpello, īs, pŭlī, pulsum, ĕre, 3 tr. (v.) 몰아내다,
　추방하다

dēpōno, is, pŏsŭi, pŏsĭtum, ĕre, 3 tr. (v.) 내려놓
　다, 벗어 놓다, 내놓다, 사직하다

dēpŏpŭlor, āris, ātus sum, āri, 1 dep. tr. (v.)
　황폐케 하다, 파괴하다, 약탈하다

dēpŏsĭtum, −i, (n.) n. 기탁금

dērīdĕo, es, rīsi, rīsum, ēre, 2 tr. (v.) 비웃다,
　코웃음 치다

descendo, is, scendi, scensum, ĕre, 3 intr. (v.)
　내려가다, 계승하다

dēsĕro, is, sĕrŭi, sertum, ĕre, 3 tr. (v.) 버리다,
　포기하다

dēsīdĕro, as, āvi, ātum, āre, 1 tr. (v.) 원하다

dēsĭno, is, dēsĭi, dēsĭtum, ĕre, 3 intr. et tr. (v.)
　그만두다

despĭcor, āris, ātus sum, āri, 1 dep. tr. (v.) 경멸

하다, 천대하다

dēsum, es, fŭi, esse, intr. anom. (v.) 없다, 부족
하다

dēterrĕo, es, terrŭi, terrĭtum, ēre, 2 tr. (v.) (설득
하여) 말리다, (무엇을) 막다, (무엇에서) 제
지하다, 떠나게 하다

dētestābĭlis, −e, (adj.) 가증스러운, 지겨운

dētestor, āris, ātus sum, āri, 1 dep. tr. (v.) 증오
하다, 미워하다

dētrīmentum, −i, (n.) n. 손실, 손해

dēturbo, as, āvi, ātum, āre, 1 tr. (v.) 몰아내다,
박탈하다

dĕus, dĕi, (n.) m. 신(神)

dēŭtor, ĕris, ūsus sum, ūti, 3 dep. intr. (v.) 남용
하다, 악용하다

dextĕr, −ĕra, −ĕrum, (adj.) 오른쪽, 적절한

dĭălectus(−ŏs), −i, (n.) f. 방언, 사투리

dīco, is, dixi, dictum, ĕre, 3 tr. (v.) 말하다, 일컫
다, 긍정하다

dictātŏr, −ōris, (n.) m. 독재자, 독재 집정관

dictātūra, −ae, (n.) f. 독재

dicto, as, āvi, ātum, āre, 1 tr. (v.) 받아쓰다,
작성하다

dictum, −i, (n.) n. 말, 명언

dīēs, dĭēi, (n.) m./f. 날, 하루, 낮; dīēs nātālis
생일

diffĕro, differs, distŭli, dīlātum, differre, anom.
(v.) intr. 다르다, 차이가 있다; tr. 분산시키
다, 소문을 퍼뜨리다, 연기하다

diffĭcĭlis, −e, (adj.) 어려운

diffĭcultās, −ātis, (n.) f. 어려움, 곤란, 난관

diffido, is, fīsus sum, ĕre, 3 semidep. intr. (v.)
(+dat.) 불신하다

diffundo, is, fūdi, fūsum, ĕre, 3 tr. (v.) 쏟다,

흘러 퍼지게 하다, 널리 퍼지다

dignĭtās, −ātis, (n.) f. 공로, 자격, 품위, 존엄성

dignus, −a, −um, (adj.) 가치 있는, 합당한, 자격
있는

dĭiūdĭco, as, āvi, ātum, āre, 1 tr. (v.) 판결하다,
결정하다, 구분하다

dīlābor, ĕris, lapsus sum, lābi, 3 dep. intr. (v.)
없어지다, 멸망하다, 시간이 지나가다

dīlectŭs, −us, (n.) m. 선택, 선발, 징병, 징집

dīlĭgens, −entis, (adj.) 주의 깊은, 열심인, 잘 보
살피는, 부지런한, 근면한

dīlĭgentĕr, (adv.) 부지런하게

dīlĭgentĭa, −ae, (n.) f. 근면, 부지런함

dīlĭgo, is, lexi, lectum, ĕre, 3 tr. (v.) 사랑하다,
좋아하다, 아끼다

dīmĭco, as, āvi, ātum, āre, 1 tr. (v.) 백병전하다,
싸우다, (검투사들이) 칼을 휘두르며 싸우다

dīmĭdĭa hōra(semi hora), (n.) f. 30분

dīmĭdĭum, −ĭi, (n.) n. 절반, 반

dīmitto, is, mīsi, missum, ĕre, 3 tr. (v.) 해임하
다, 퇴학시키다, 용서하다, 가게 하다

diphthongus(−ŏs), −i, (n.) f. 중음(이중모음이나
이중자음 등)

diplōma, −mătis, (n.) n. 졸업장, 면허, 학위

dīrĭgo(dē−), is, rexi, rectum, ĕre, 3 tr. (v.) (목표
를) 향해 이끌다, (무엇을 무엇에) 따르게 하
다, 지도하다

dīrĭpĭo, is, dīrĭpŭi, reptum, ĕre, 3 tr. (v.) 약탈하
다, 노략질하다

discēdo, is, cessi, cessum, ĕre, 3 intr. (v.) 헤어지
다, 떠나다, 사라지다, 벗어나다

discessŭs, −ūs, (n.) m. 출발, 떠남, 분리, 귀양

discĭpŭla, −ae, (n.) f. 여학생

discĭpŭlus, −i, (n.) m. 제자, 학생

disco, is, dĭdĭci, –, ĕre, 3 tr. (v.) (+acc.) 배우다, 습득하다, 경험하다

discors, –cordis, (adj.) 불목하는

displĭcĕo, es, plĭcŭi, plĭcĭtum, ēre, 2 intr. (v.) (+dat.) ~의 뜻에 맞지 않다

dispersi(m), (adv.) 뿔뿔이, 흩어져서

dispĭcĭo, is, spexi, spectum, ĕre, 3 (v.) intr. 눈을 뜨다, 똑똑히 보다; tr. 분간하다, 식별하다

dispōno, is, pŏsŭi, pŏsĭtum, ĕre, 3 tr. (v.) 배치하다, 준비시키다, ~하도록 조치하다

dispŭtātĭo, –ōnis, (n.) f. 논쟁, 토론

dispŭto, as, āvi, ātum, āre, 1 tr. et intr. (v.) 논쟁하다, 토의하다

dissentĭo, is, sensi, sensum, īre, 4 intr. (v.) 의견이 다르다, 달리 생각하다

dissĕro, is, sĕrŭi, sertum, ĕre, 3 tr. (v.) 논술하다, 토론하다

dissĭmĭlis, –e, (adj.) 닮지 않은, 비슷하지 않은

dissĭmŭlo, as, āvi, ātum, āre, 1 tr. (v.) 은폐하다, 숨기다

dissŏlūtĭo, –ōnis, (n.) f. 분리, 해약, 소멸, 파괴

dissŏlūtus, –a, –um, (adj.) 해이해진, 무관심한, 유약한, 경박한

dissolvo, is, solvi, sŏlūtum, ĕre, 3 tr. (v.) 풀다, (빚) 갚다, 해방하다

dīstīnctĭo, –ōnīs, (n.) f. 구분

dīstīnctus, –a, –um, (adj.) 구별된

dīstīnguo, īs, dīstīnxī, dīstīnctum, ĕre, 3 tr. (v.) 가르다, 분별하다

disto, as, āre, 1 (v.) intr. 멀리 있다, 떨어져 있다; imper. distat 차이가 있다

dĭū, (adv.) 오래, 오랫동안;

dĭūtĭus, (dĭū의 비교급 부사) 더 오래

dīvĕs, dīvĭtis, (adj.) 부유한, 부자의, 기름진

dīvĭdo, is, dīvīsi, dīvīsum, ĕre, 3 tr. (v.) 나누다, 구분하다, 구별하다, 분열시키다

dīvīnĭtŭs, (adv.) 신의 뜻으로부터

dīvīnus, –a, –um, (adj.) 신(神)의, 신적인, 신에게서부터 나온

dīvīsĭo, –ōnis, (n.) f. 나눗셈

dīvĭtĭae, –ārum, (n.) f. pl. 재산, 부(富), 재물

dō, das, dĕdi, dătum, dăre, 1 tr. (v.) 주다

dŏcĕo, es, dŏcŭi, doctum, ēre, 2 tr. (v.) (~에게 ~을) 가르치다 (이중 대격 요구)

doctŏr, –ōris, (n.) m. 선생, 박사, 의사

doctrīna, –ae, (n.) f. 교육, 가르침, 학문, 학과, 학설, (종교의) 교리

doctus, –a, –um, (adj.) 교육받은, 박학한; (n.) m. 학자, 전문가

dōdrans, –antis, (n.) m. 사분의 삼(3/4), (시간) 45분

dŏlĕo, es, ŭi, (part. fut.) ĭtūrus, ēre, 2 intr. et tr. (v.) 아파하다, 고통을 느끼다, 슬퍼하다

dŏlŏr, –ōris, (n.) m. 고통, 아픔, 괴로움, 골칫거리

dŏlus, –i, (n.) m. 사기, 속임수

dŏmestĭci, –ōrum, (n.) m. pl. 한집안 식구

dŏmestĭcus, –a, –um, (adj.) (자기) 집의, 집안의, 가족의, 국내의

dŏmĭcĭlĭum, –ĭi, (n.) n. 주소, 집, 본거지, 숙소

dŏmĭnor, āris, ātus sum, āri, 1 dep. intr. (v.) 주인 노릇을 하다, 지배(주도, 통치)하다

dŏmĭnus, –i, (n.) m. 주인, 가장, ~님, 폐하 (Tiberius 이후부터 보통명사처럼 사용됨)

dŏmŭs, –ūs, (n.) f. 집

dōno, as, āvi, ātum, āre, 1 tr. (v.) 선물하다, 증정하다, 하사하다, 허락하다

dōnum, –i, (n.) n. 선물, 뇌물, 제물

dormĭo, is, īvi(ĭi), ĭtum, īre, 4 intr. (v.) 자다

dōs, dōtis, (n.) f. 지참금

dŭbĭē, (adv.) 의심스럽게

dŭbĭtātĭo, −ōnis, (n.) f. 의심, 의혹, 불확실함

dŭbĭto, as, āvi, ātum, āre, 1 intr. et tr. (v.) 의심
하다

dŭbĭum, −ĭi, (n.) n. 의심

dŭbĭus, −a, −um, (adj.) 의심스러운

dŭcenti, −ae, −a, (num. card.) 2백

dūco, is, duxi, ductum, ĕre, 3 tr. (v.) 이끌다,
인도하다, 여기다, 평가하다

dūdŭm, (adv.) 얼마 전, 오래전부터

dulcĕ, (adv.) 부드럽게, 달콤하게, 상냥하게, 기
분 좋게

dulcis, −e, (adj.) 달콤한, 즐거운, 감미로운

dŭm, (conj.) ~하는 동안, ~하는 한

dŭŏ, dŭae, dŭŏ, (num. card.) 둘

dŭplex, dŭplĭcis, (adj.) 두 겹의, 이중의

dŭplum, −i, (n.) n. 갑절, 2배

dūrus, −a, −um, (adj.) 굳은, 딱딱한

dux, dŭcis, (n.) m./f. 장군, 길잡이, 인도자, 지
휘자, 장군, 군주, 인솔, 인도

E

ē, ex, (praep.) (유래, 기원, 이유, 출처) ~에서,
부터, 중에서, 인하여, 때문에; (재료) ~으로
만든; (기타) 기준하여, 따라서, 부터

ĕā, (adv.) 그곳을 통하여, 그곳을 거쳐서

Ecbătăna, −ōrum, (n.) n. pl. (고대 페르시아의
수도) 엑바타나

eccĕ, (adv.) 보라!

ecclēsĭa, −ae, (n.) f. 교회, 집회

ĕdo, ĕdis(ēs), ĕdit(est), ēdi, ēsum, ĕdĕre(esse),
3 tr. (v.) 먹다, 소비하다, 탕진하다

ēdūco, as, āvi, ātum, āre, 1 tr. (v.) 인솔해 가다,
양육하다, 가르치다, 교육하다

ēdūco, is, duxi, ductum, ĕre, 3 tr. (v.) 끌어내다,
인솔해 나오다

effĭcĭo, is, fēci, fectum, ĕre, 3 tr. (v.) 이루다,
만들다, ~하게 하다, 초래하다

effĭgĭēs, −ēi, (n.) f. 초상, 모습

efflōresco, is, flōrŭi, ĕre, 3 intr. (v.) 만발하다,
번성하다, 피어나다

ĕgēnus, −a, −um, (adj.) 필요한, 궁핍한

ĕgĕo, es, ĕgŭi, ĕre, 2 intr. (v.) ~이 없다, 부족하
다, 아쉽다, 필요하다

ĕgestās, ĕgestātis, (n.) f. 빈곤, 결핍

ĕgŏ(mei, mihi, me, me), (pron. pers.) 나는(나에
대한, 나에게, 나를, 나로부터); (철학) 자아

ēgrĕdĭor, dĕris, gressus sum, grĕdi, 3 dep. intr.
et tr. (v.) 나가다, (배에서) 내리다, 주제에서
이탈하다

ēgressŭs, −ūs, (n.) m. 출구, 출발, 탈선, 본론에
서 이탈

ēĭcĭo, is, iēci, iectum, ĕre, 3 tr. (v.) 내던지다,
내쫓다, 추방하다

ēlapsus, −a, −um, [elabor(도망치다) 동사의 과

거분사] 도망친

ēlĕgantĭa, —ae, (n.) f. 품위 있음, 우아함, 고상함

ēlĕphantus, —i, (n.) m. 코끼리

ēlŏquentĭa, —ae, (n.) f. 웅변, 말솜씨, 언변, 수
사법

ēlŏquor, ĕris, lŏcūtus sum, lŏqui, 3 dep. intr.
et tr. (v.) 말하다

ēlūdo, is, lūsi, lūsum, ĕre, 3 (v.) intr. 농담하다,
(욕망을) 만족시키다; tr. 도망가다, 놀리다,
경기에서 이기다

ementior, īris, ītus sum, īri, 4 dep. tr. (v.) 거짓
말하다, 날조하다

ēmĕrĕo, es, mĕrŭi, mĕrĭtum, ĕre, 2 tr. (v.) 공로
를 세우다, ～할 가치가 있다, (직무, 임무를)
마치다, 은퇴하다

emereor, ĕris, mĕrĭtus sum, ēri, 2 dep. tr. (v.)
마땅히 받을 만한 일을 하다

ēmĭgro, as, āvi, ātum, āre, 1 intr. (v.) 옮겨 가다,
이사하다, 떠나다

ēmĭnŭs, (adv.) 멀리서

ēmo, is, ēmi, emptum, ĕre, 3 tr. (v.) 사다, 매입
하다

enascor, ĕris, nātus sum, nasci, 3 dep. intr. (v.)
나다, 싹터 나오다

ĕnim, (conj.) 물론(긍정, 부정의 강조)

ĕō, (adv.) 그리로, 그곳으로

ĕo, is, ĭi(īvi), ĭtum, īre, intr. anom. (v.) 가다

ĕphēbus, —i, (n.) m. (그리스) 16~20세의 청소년

Ĕpīcūrus, —i, (n.) m. 에피쿠로스(그리스의 철
학자)

Ĕpĭdaurum, —i, (n.) n. 에피다우로스(그리스의
작은 도시)

ēpistŭla(ĕpistŏla), —ae, (n.) f. 편지

ĕquestĕr, —tris, —tre, (adj.) 기병의, 기사의, 남

작의

ĕquĭdem, (adv.) 정말로

ĕquĭtātŭs, —ūs, (n.) m. 기병대, 승마

ĕquus(ĕcus), —i, (n.) m. 말

ērectus, —a, —um, (adj.) 일으켜 세워진, 용기 있
는, 고상한

ergā, (praep.) ～에 대하여, ～에 대한

ergō(또는 ergŏ), (conj.) (문장의 첫머리에) 그
러므로

ērĭpĭo, is, rĭpŭi, reptum, ĕre, 3 tr. (v.) 빼내다,
구조하다, 사라지게 하다

erno, as, āvi, ātum, āre, 1 tr. (v.) 장비하다, 꾸
미다

erro, as, āvi, ātum, āre, 1 intr. et (시어) tr. (v.)
헤매다, 실수하다

errŏr, —ōris, (n.) m. 실수, 오류

ērŭdĭo, is, īvi, ītum, īre, 4 tr. (v.) 교육하다

ērŭdītŭs, —a, —um, (adj.) 교양 있는

ērumpo, is, rūpi, ruptum, ĕre, 3 intr. et tr. (v.)
터져 나오다

ēruptĭo, —ōnis, (n.) f. 분출, 폭발, 돌진, 출격

esca, —ae, (n.) f. 먹을 것, 먹이, 미끼

ĕt, (conj.) ～조차, ～도, ～까지, ～과, 그리고

ĕtĭam, (adv.) ～도 또한, ～까지도

Eurōpa, —ae, (n.) f. 유럽

ēventŭs, —ūs, (n.) m. 결과, 사건

ēvŏlo, as, āvi, ātum, āre, 1 intr. (v.) 날아가다,
날아서 달아나다, 급히 달아나다

ex, (praep.) (+abl.) (장소) ～에서, (관계) ～에
따라, 의해

exāmĕn, —mĭnis, (n.) n. 시험

exănĭmo, as, āvi, ātum, āre, 1 tr. (v.) 숨 막히게
하다, 죽게 하다

exardesco, is, arsi, arsum, ĕre, 3 intr. (v.) 불붙

다, 열나기 시작하다, (감정에) 불타오르다

excēdo, is, cessi, cessum, ĕre, 3 (proelio) intr. (v.) 물러나다, 철수하다; tr. (시간) 지나다, 경과하다

excellens, −entis, (excello 동사의 과거분사, adj.) 높이 솟은, 우수한, 탁월한

excello, īs, ĕre, 3 intr. (v.) 뛰어나다

excīdo, is, excīdi, ĕre, 3 intr. (v.) 1. 떨어지다, 뽑히다, 없어지다

excīdo, is, excīdi, excīsum, ĕre, 3 tr. (v.) 잘라 내다, 절단하다

excĭto, as, āvi, ātum, āre, 1 tr. (v.) 흥분시키다, 일으키다

exclāmo, as, āvi, ātum, āre, 1 intr. et tr. (v.) 외치다, 절규하다

exemplăr, −āris, (n.) n. 표본, 모범

exemplum, −i, (n.) n. 보기, 예, 모범, 본보기, 표양, 귀감, 표본

exĕo, is, ĭi, ĭtum, īre, anom. intr. et tr. (v.) 나가다, 나오다

exercĕo, es, ercŭi, exercĭtum, ēre, 2 tr. (v.) 연습시키다, 훈련시키다, 연습하다

exercĭtĭum, −ĭi, (n.) n. 연습, 훈련

exercĭtŭs, −ūs, (n.) m. 군대

exhaurĭo, is, hausi, haustum, īre, 4 tr. (v.) 다 써 버리다, 고갈시키다, 힘을 다 빼다

exĭgo, is, ēgi, actum, ĕre, 3 tr. (v.) 내보내다, 받아 내다, 요구하다

exĭgŭus, −a, −um, (adj.) 작은, 빈약한

exĭlĭum(exsĭlĭum), −ĭi, (n.) n. 유배, 추방

exindĕ, (adv.) 그 후부터

existĭmo, as, āvi, ātum, āre, 1 tr. (v.) 여기다, 생각하다, 판단하다, 평가하다, 존경하다

exĭtŭs, −ūs, (n.) m. 출구, 말로

exordior, īris, orsus sum, īri, 4 dep. tr. (v.) 시작하다, 짜다

exorior, ĕris, ortus sum, īri, 3 et 4 dep. intr. (v.) (해, 달, 별) 솟아오르다, 발생하다, 유래하다

exortŭs, −ūs, (n.) m. 해돋이, 일출

expĕdĭo, is, īvi et ĭi, ītum, īre, 4 (v.) tr. 해방하다, 석방하다, 이행하다; intr. 이롭다, 유익하다

expergiscor, ĕris, perrectus(pergĭtus) sum, pergisci, 3 dep. intr. (v.) 눈뜨다, 잠깨다, 정신 차리다

experior, īris, expertus sum, 4 dep. tr. (v.) 경험하다, 겪다, 실험하다

expers, expertis, (adj.) 끼지 못한, 참여하지 않은, 관계없는

expertus, −a, −um, (adj.) 검증된, 정통한, 숙련된

expĕto, is, pĕtīvi(pĕtĭi), pĕtītum, ĕre, 3 tr. et intr. (v.) 간절히 바라다, 요구하다, 얻으려고 노력하다

expĭo, as, āvi, ātum, āre, 1 tr. (v.) 속죄하다, 죄를 갚다

explĕo, es, plēvi, plētum, ēre, 2 tr. (v.) 가득 채우다, (욕망, 갈증) 만족/충족시키다, (시간) 채우다

explōrātŏr, −oris, (n.) m. 정탐자, 답사자, 탐험가

explōro, as, āvi, ātum, āre, 1 tr. (v.) 살피다, 탐구(조사)하다, 정탐(정찰)하다, 시험하다

expōno, is, pŏsŭi, pŏsĭtum, ĕre, 3 tr. (v.) 전시하다, 설명하다

expugno, as, āvi, ātum, āre, 1 tr. (v.) 공략하다, 함락시키다, 정복하다

exquīro, is, quīsīvi, quīsītum, ĕre, 3 tr. (v.) 조사하다, 검토하다, 물어보다

exsĕcror, āris, ātus sum, āri, 1 dep. (v.) 저주하

다, 악담하다

exsequor, ěris, sěcūtus sum, sěqui, 3 dep. tr.
(v.) 집행하다, 완수하다

exsisto(existo), is, (s)tūti, ěre, 3 intr. (v.) 발생하
다, 나오다, ~하게 되다, 있다, 이다, 존재하다

exspecto, as, āvi, ātum, āre, 1 tr. (v.) 기다리다,
기대하다

exstrŭo(extruo), is, struxi, structum, ěre, 3 tr.
(v.) 쌓다, 쌓아 올리다, 건축(건립)하다, 확대
하다

extendo, is, tendi, tensum(tentum), ěre, 3 tr.
(v.) 펼치다, 늘리다, 연장하다, 확장하다

extermǐno, as, āvi, ātum, āre, 1 tr. (v.) 쫓아내
다, 추방하다, 제거하다

extěrus, −a, −um, (adj.) 밖의, 외국의; (n.) m.
외군인, n. 외래의 사물

extollo, is, extŭli, ěre, 3 tr. (v.) 들어 올리다,
찬양하다, 칭찬하다

extrā, (praep. adv.) 밖에, 너머, 이외에, 없이

extrēmus, −a, −um, (adj.) 제일 외부의, 최후의,
마지막의

exŭo, īs, ŭī, ūtum, ěre, 3 tr. (v.) 벗다, 뽑다,
벗기다, 뺐다

F

fǎběr, −bri, (n.) m. 기술자, 장인, 목수(복수 속
격은 fabrum으로 자주 사용)

fǎběr, fǎbra, fǎbrum (adj.) 솜씨 있는, 손재간
있는

fǎbrǐcor, āris, ātus sum, āri, 1 dep. tr. (v.) 제작
하다, 음모를 꾸미다

fǎbŭla, −ae, (n.) f. 떠도는 이야기, 우화, 동화,
신화

fǎcētē, (adv.) 훌륭하게, 우습게, 익살맞게

fǎcǐēs, −ēi, (n.) f. 얼굴, 모습; facie ad faciem
얼굴을 맞대고

fǎcǐlis, −e, (adj.) 쉬운

fǎcǐnŭs, fǎcǐnǒris, (n.) n. 업적, 악행, 범죄

fǎcǐo, is, fēci, factum, ěre, 3 tr. et intr. (v.) 하다,
만들다; fǎcǐo certiorem 알려 주다

factǐo, −ōnis, (n.) f. 행위, 활동, 권리, 단체, 조
합, 정당, 당파

factum, −i, (n.) n. 사실, 사건, 실제 행동

fǎcultās, −ātis, (n.) f. 가능성, 권한, 자격; pl. 재
산, 재력, 재원

fācundǐa, −ae, (n.) f. 언변, 말재주, 말솜씨

fāgus, −i, (n.) f. 너도밤나무

fallax, −ācis, (adj.) 속이는, 기만적인, 사기적인,
기대에 어긋나는

falsō(falsē), (adv.) 허위로

falsum, −i, (n.) n. 거짓

falsus, −a, −um, (adj.) 잘못된, 틀린, 그릇된

fāma, −ae, (n.) f. 소문, 명성, 평판

fǎmēs, −is, (n.) f. 기아, 배고픔, 굶주림, 빈곤

fǎmǐlǐa, −ae, (n.) f. 가정

fǎmǐlǐāris, −e, (adj.) 가정의, 가족의

familiariter, (adv.) 친밀하게

fǎmŭla, −ae, (n.) f. 하녀

fānum, −i, (n.) n. 성역, 신전

fas, (n.) n. indecl. 가(可)함, 정당함, 신의 명령

fastīdĭosus, −a, −um, (adj.) 싫증을 느끼는, 싫어
하는, 진저리나는

fateor, ĕris, fassus sum, ēri, 2 dep. tr. (v.) 인정
하다, 자백하다

fātum, −i, (n.) n. 운명

faux, faucis, (n.) f. 목구멍

făvĕo, es, fāvi, fautum, ēre, 2 intr. (v.) (+dat.)
호의/은혜를 베풀다, 좋아하다, 돕다; (종교)
경건하게 침묵하다, 조용히 있다

fĕbris, −is, (n.) f. 열, 고열, 열병

fēlīcĭtĕr, (adv.) (비교급 또는 최상급과 함께)
행복하게

fēlix, −īcis, (adj.) 비옥한, 행복한

fēmĭna, −ae, (n.) f. 여자

fēnĕrătŏr, −ōris, (n.) m. 돈놀이꾼, 고리대금업자

fĕra, −ae, (n.) f. 맹수, 야수

fĕrē, (adv.) 거의

fĕrĭor, āris, ātus sum, āri, 1 dep. intr. (v.) 쉬다,
휴식하다, 휴일로 지내다

fĕro, fers, tŭli, lātum, ferre, anom. (v.) 운반하
다, 산출하다, 참다, 받아들이다, 판결하다;
fĕro legem 법안을 제출(제정)하다

ferrum, −i, (n.) n. 철, 쇠

fertĭlis, −e, (adj.) 비옥한, 풍족한

ferunt, (사람들이) ~라고들 말한다; fertur,
feruntur ~라고 한다, ~라고 전해 내려온다

fĕrus, −a, −um, (adj.) 사나운, 엄한, 치열한

fessus, −a, −um, (adj.) 지친, 녹초가 된

festīnātĭo, −ōnis, (n.) f. 서두름, 졸속

fētŭs, −ūs, (n.) m. 해산, (식물의) 결실, 열매,
자식

fictus, −a, −um, (adj.) 가장된, 꾸며진

fĭdēlis, −e, (adj.) 충실한, 충성스러운

fĭdēs, −ĕi, (n.) f. 믿음, 신뢰

fĭdēs(fĭdis), −is, (n.) f. 현악기

fīdo, is, fīsus sum, ĕre, 3 intr. semidep. (v.) ([+
dat.]사람, 사물을) 믿다, ([+abl.] ~에 대해)
신뢰하다

fīdus, −a, −um, (adj.) 성실한

fĭgūra, −ae, (n.) f. 모습, 모양

fīlĭa, −ae, (n.) f. 딸

fīlĭus, −ĭi, (n.) m. 아들, 자식, 성자(聖子); pl.
자녀

fines, −ium, (n.) m. pl. 영토, 영역

finĭo, is, īvi(ĭi), ītum, īre, 4 tr. et intr. (v.) 마치
다, 끝내다, 경계를 정하다

fĭnis, −is, (n.) m./f. 경계, 끝, 마지막, 목표, 목적;
pl. 영토, 영역

fīo, fis, factus sum, fĭĕri, anom. (v.) 되다, 이루
어지다(facio 동사의 수동태)

firmus, −a, −um, (adj.) 튼튼한, 견고한, 확실한

flāgĭto, as, āvi, ātum, āre, 1 tr. (v.) 청하다, 탄원
하다, 간청하다

flamma, −ae, (n.) f. 불, 불꽃, 불길, 화염

flātŭs, −ūs, (n.) m. 호흡, 바람, 돌풍

flĕo, es, flēvi, flētum, ēre, 2 intr. et tr. (v.) 울다,
눈물을 흘리다

flo, as, āvi, ātum, āre, 1 intr. et tr. (v.) (바람이)
불다, 불어오다, (피리, 퉁소) 소리가 나다

flōrens, −entis, (adj.) (flōrĕo 동사의 과거분사)
꽃피는, 무성한, 한창인

flōrĕo, es, rŭi, −, ēre, 2 intr. (v.) 꽃피다, 무성하
다, 번영하다

flōs, flōris, (n.) m. 꽃

fluctŭs, −ūs, (n.) m. 파도

flūmĕn, −mĭnis, (n.) n. 강, 운하, 흐름

flŭvĭus, −ĭi, (n.) m. 강

fluxus, −a, −um, (adj.) 헛된, 덧없는, 사라지는

foedus, −a, −um, (adj.) 더러운, 추한, 흉한

foedŭs, −ĕris, (n.) n. 조약, 서약, 동맹; foedŭs
făcĕre 조약을 체결하다

fons, fontis, (n.) m. 샘, 원천, 자료

for, fāris, fātus sum, fāri, 1 dep. intr. et tr. (v.)
말하다, 이야기하다

fŏrās, (adv. praep.) 밖으로

fŏrĭs, −is, (n.) f. (집, 방, 성전, 도시의) 문

forma, −ae, (n.) f. 모습, 모양, 고운 몸매, 아름
다움

formīca, −ae, (n.) f. 개미

formīdo, formidĭnis, (n.) f. 공포, 전율, 무서움

formōsus, −a, −um, (adj.) 잘생긴, 아름다운, 우
아한

fors, fortis, (n.) f. 우연, 운수, 재수

forsĭtan, (adv.) 아마도

fortassĕ, (adv.) 아마도

fortis, −e, (adj.) 강한

fortĭtĕr, (adv.) 용감히

fortĭtūdo, −ĭnīs, (n.) f. 힘, 용기

fortŭītus, −a, −um, (adj.) 우연한, 예기치 않은

fortūna, −ae, (n.) f. 행운, 운명; fortūna sĕcunda
행운

fortūnae, −arum, (n.) n. pl. 재물

fortūnātē(fortūnātim), (adv.) 우연히

fossa, −ae, (n.) f. 도랑, (성벽 주위에 도랑처럼
파서 물을 괴게 한) 호, 운하

fŏvĕa, −ae, (n.) f. 함정, 구덩이, 간계

frango, is, frēgi, fractum, ĕre, 3 tr. (v.) 꺾다,
부러뜨리다, 깨뜨리다

frātĕr, fratris, (n.) m. 형제, (남자) 수도자

fraus, fraudis, (n.) f. 사기, 속임수

frĕquens, −entis, (adj.) 빈번한, 만원의

frĕtum, −i, (n.) n. 해협

frīgĭdus, −a, −um, (adj.) 추운, 무서운; f. 냉수;
n. 추위, 한기

frondōsus, −a, −um, (adj.) 잎이 우거진

fructŭs, −ūs, (n.) m. 열매, 과실

frūgālĭtās, −ātis, (n.) f. 농작물, 절약, 검소, 알뜰
함, 절제

frūgĭfĕr, −fĕra, −fĕrum, (adj.) 비옥한

frūmentum, −i, (n.) n. 곡식, 곡물, 밀, 소맥

fruor, ĕris, frŭītus (fructus) sum, frŭi, 3 dep.
intr. et tr. (v.) 향유하다, 누리다, 사용하다

frustra, (adv.) 헛되이, 쓸데없이

fŭga, −ae, (n.) f. 도망, 도주, 도피

fŭgax, fugācis, (adj.) 도망(기피)하는, 덧없는

fŭgĭens, −entis, (n.) m. 도망자, 도피자

fŭgĭo, is, fūgi, fŭgĭtum, ĕre, intr. et tr. (v.) 도망
하다, 거절하다

fŭgo, as, āvi, ātum, āre, 1 tr. (v.) 격퇴하다, 추방
하다

fulgens, −entis, (adj.) 화려한, 빛나는

fulgĕt, fulsit, fulgēre, impers. (v.) 번개 치다

fulgŭrat, fulgurāvit, āre, impers. (v.) 번개 치다

fulgŭrātĭo, −ōnis, (n.) f. 번개

fulmĭnat, fulmināvit, āre, impers. (v.) 번개 치
다, 벼락 치다

funda, −ae, (n.) f. 투석기

fundo, is fūdi, fūsum, ĕre, 3 tr. (v.) 붓다, 흘리
다, 주조하다

fūnestus, −a, −um, (adj.) 비통한, 절망적인

fungor, ĕris, functus sum, fungi, 3 dep. intr.
et tr. (v.) 실행하다, 죽다, (시험을) 치르다

fūnŭs, fūnĕris, (n.) m. 장례식

fūr, fūris, (n.) m./f. 도둑, 절도, 도둑놈, 무늬말벌

furiōse, (adv.) 미친 듯이, 맹렬하게, 무분별하게

fūror, āris, ātus sum, āri, 1 dep. tr. (v.) 도둑질
하다, 훔치다

fŭrŏr, −ōris, (n.) m. 광기, 정신착란, 어리석은
행동

furtum, −i, (n.) n. 절도, 도둑질

fŭtūrus, −a, −um, (adj.) (sum 동사의 미래분사)
미래의, 장래의

G

Gallĭcus, −a, −um, (adj.) 갈리아의, 갈리아인의
(오늘날 프랑스)

gallīna, −ae, (n.) f. 암탉

Gallus, −i, (n.) m. 갈리아 사람

gaudĕo, es, gāvīsus sum, ēre, 2 semidep. intr.
et tr. (v.) 즐거워하다, 기뻐하다, 향유하다

gaudĭum, −ĭi, (n.) n. (내적) 기쁨(외적 기쁨은
laetĭtĭa)

gĕlū, −ūs, (n.) n. 얼음, 한랭, 추위

gĕmĭtŭs, −ūs, (n.) m. 탄식, 한숨

gĕnĕr, −ĕri, (n.) m. 사위

gĕnĕrātim, (adv.) 일반적으로

gĕnĕsis, −is, (n.) f. 탄생, 천지창조, 창세기

gens, gentis, (n.) f. 종족, 민족

gĕnū, −ūs, (n.) n. 무릎

gĕnŭs, gĕnĕris, (n.) n. 태생, 혈통, 민족, 종족,
종류, 자식

germānus, −a, −um, (adj.) 독일의, 독일 사람의;
(n.) m. 형제; f. 자매

gĕro, is, gessi, gestum, ĕre, 3 tr. (v.) 지니다,
~의 역할을 하다, (일, 임무) 수행하다, 나르다

gesto, as, āvi, ātum, āre, 1 tr. et intr. (v.) 지니고
다니다, 가지고 있다, 지니다

gīgno, īs, gĕnŭī, gĕnĭtum, gīnēre, 3 tr. (v.) 낳다

glăcĭēs, −ēi, (n.) f. 얼음

glădĭus, −ĭi, (n.) m. 칼, 단검

glīs, glīris, (n.) m. 산쥐(다람쥐와 비슷한 들쥐)

glōrĭa, −ae, (n.) f. 영광, 명성, (가톨릭) 대영광송

glōrĭor, āris, ātus sum, āri, 1 dep. intr. et tr.
(v.) 영광으로 생각하다, 자랑하다, 뽐내다,
뻐기다

gnārĭtās, −ātis, (n.) f. 지식

Graecē, (adv.) 그리스어로

Graecĭa, —ae, (n.) f. 희랍, 그리스

grăcĭlis, —e, (adj.) 연약한, 가늘고 긴

grădātim, (adv.) 차차, 점진적으로

gradior, ĕris, gressus sum, grădi, 3 dep. intr. (v.) 걷다, 나아가다

grammătĭca, —ae, (n.) f. 문법

grandĭnat, —, grandinare, impers. (v.) 우박이 내리다(오다)

grăphis, —ĭdis, (n.) f. 연필, 소묘, 도안

grātĭa, —ae, (n.) f. 감사, 사랑, 애호, 호의, 은혜

grātīs, (adv.) 공짜로, 거저로

grātŭlor, āris, ātus sum, āri, 1 dep. intr. (v.) 축하하다, 감사하다

grātus, —a, —um, (adj.) 마음에 드는, 고마운, 즐거운, 기분 좋게 하는

grăvis, —e, (adj.) 무거운, 중한

grăvĭtās, —ātis, (n.) f. 무거움, 부담, 고됨, 신중

grăvĭtĕr, (adv.) 힘 있게, 진지하게

grex, grĕgis, (n.) m. 짐승 떼, 양 떼, 무리

gustŭs, —ūs, (n.) m. 미각, 시식, 맛봄

gutta, —ae, (n.) f. 방울, 빗방울

H

hăbĕo, es, hăbŭi, hăbĭtum, ēre, 2 tr. (v.) 가지다, ~하다, 여기다, 판단하다, 생각하다

hăbĭto, as, āvi, ātum, āre, 1 tr. et intr. (v.) 살다

hăbĭtŭs, —ūs, (n.) m. 습관

hactĕnŭs(haectĕnŭs), (adv.) 지금까지, 여기까지, 이 정도까지

Haedŭi(Aedui), —ōrum, (n.) m. pl. 해두이(손 강과 루아르 강 사이에 거주한 갈리아 종족)

haerĕo, es, haesi, haesum, ēre, 2 intr. (v.) 꼭 달라붙다, 고착되어 있다, 체재하다, 망설이다

haerĕsis, —is, (n.) f. 이단, 이설, 이교

haud, (adv.) 아니

haudquāquam(mĭnĭmē, nēquāqum), (adv.) 절대로 아니, 결코 아니

haurĭo, is, hausi, haustum, īre, 4 tr. (v.) 빨아들이다, (물속에) 가라앉히다

Helvētĭi, —ōrum, (n.) m. pl. 스위스 사람

hem, (inter.) 아아, 이런, 오!

herba, —ae, (n.) f. 풀, 약초

hērēdĭtās, —ātis, (n.) f. 유산

hērēs, hērēdis, (n.) m./f. 상속자

hĕrī, (adv.) 어제

hīberna, —ōrum, (n.) n. pl. 겨울 진영

Hĭbernĭa, —ae, (n.) f. 아일랜드

hīberno, as, āvi, ātum, āre, 1 intr. (v.) 겨울나다, 동면하다

hīc, (adv.) 여기에, 여기서

hic, haec, hoc, (pron.) 이것, 이 사람, 후자

hĭĕmo, as, āvi, ātum, āre, 1 intr. et tr. (v.) 겨울을 나다, 동면하다

hĭems, hĭĕmis, (n.) f. 겨울, 추위

hĭlăris, —e, (adj.) 경쾌한, 쾌활한

hirtus, —a, —um, (adj.) 거친, 털이 곤두서 있는,

털투성이의

hĭrundo, hĭrundĭnis, (n.) f. 제비

Hispānĭa, −ae, (n.) f. 스페인

Hispānus, −a, −um, (adj.) 스페인의, 스페인 사
람의

histŏrĭa, −ae, (n.) f. 역사, 연대기

hōdĭē, (adv.) 오늘, 오늘날

Hŏmērus, −i, (n.) m. 호메로스

hŏmĭcīda, −ae, (n.) m. 살인자, 살인범

hŏmo, −ĭnis, (n.) m. 사람, 인간

hŏnestus, −a, −um, (adj.) 존경할 만한, 정직한,
아름다운

hŏnŏr, −ōris, (n.) m. 명예, 영예, 고위직

hōra, −ae, (n.) f. 시간; 시(時)

horrŏr, −ōris, (n.) m. 공포, 전율

hortor, āris, ātus sum, āri, 1 dep. tr. (v.) 권고/
권유하다, ~하도록 격려하다

hortus, −i, (n.) m. 정원, 동산, 농장; (pl.) 공원

hospĕs, −pĭtis, (n.) m. 손님

hospĭta, −ae, (n.) f. 여자 손님

hostĭa, −ae, (n.) f. 희생물

hostis, −is, (n.) m./f. (드물게) 이방인, 외국인,
적, 적군

hūc, (adv.) 여기로, 이리로

hūiuscĕmŏdi(hūiusmŏdi), (gen. qualit.) 이러
한, 이 같은, 이 모양의

hūmānĭtās, −ātis, (n.) f. 인간 본성, 인류애, 인간
미, 인정, 친절, 인문과학

hūmānus, −a, −um, (adj.) 사람의, 인간적인

hūmĭdus(ū−), −a, −um, (adj.) 젖은, 습한, (생물)
림프액을 분비하는

hŭmĭlis, −e, (adj.) 비천한, 낮은, 보잘것없는, 겸
손한

hŭmus, −i, (n.) f. 땅

I

i(j)ăcĕo, es, iăcui, iăcĭtūrus, ēre, 2 intr. (v.) 누워
있다, 등한시되다, 멸시받다, 그만두다

iacto, as, āvi, ātum, āre, 1 tr. (v.) 던지다, 이리
저리 흔들다

iam, (adv.) 이미, 이제는, 지금은

Iānus, −i, (n.) m. 야누스(로마신화에 나오는 문
의 수호신)

I(J)aponus, −a, −um, (adj.) 일본의, 일본 사람의

ĭbī, (adv.) 거기에, 그곳에

īco(īcĭo), icis, īci, ictum, īcĕre, 3 tr. (v.) 치다,
때리다, 쏘아 맞히다

īdem, ĕădem, ĭdem, (pron.) 같은, 동일한

ĭdōnĕus, −a, −um, (adj.) 적당한, 합당한, 알맞은

īdūs, −ŭum, (n.) f. pl. (고대 로마력) 3, 5, 7,
10월의 15일; 그 밖의 달은 13일을 가리킴

ĭgĭtur, (conj.) (문장의 첫말 다음에) 그렇다면,
그러므로

ignārus, −a, −um, (adj.) (무엇을) 모르는, 미지
의, 사물에 어두운, 무식한

ignāvĭa, −ae, (n.) f. 게으름, 빈둥거림, 나태

ignāvus, −a, −um, (adj.) 게으른, 나태한

ignis, −is, (n.) m. 불, 홍조, 사랑의 불길, 재앙

ignōmĭnĭa, −ae, (n.) f. 불명예, 치욕, 망신

ignŏro, as, āvi, ātum, āre, 1 tr. (v.) 모르다, 알지
못하다

ignosco, is, ignōvi, ignōtum, ere, 3 intr. et tr.
(v.) 용서하다; ignoscere alicui ~를 용서하다

Īlĭăcus, −a, −um, (adj.) 일리오스의(트로이아의
라틴명), 트로이아의, 엉덩뼈

ilĭcō(illico), (adv.) 즉시

illĕ, illă, illŭd, (pron.) 저것, 저 사람, 전자; (adj.)
이, 그

illūcescit, illuxit, illucescĕre, impers. (v.) 동터

오다, 날이 새다

illūcesco, is, illuxi, ĕre, 3 (v.) intr. 밝아 오다,
나타나다; tr. 비추다

illustris, −e, (adj.) 밝은, 저명한, 유명한, 빛나는

imbĕr, imbris(abl. imbri et imbre), (n.) m. 비,
폭우, 소나기, 물

ĭmĭtor, āris, ātus sum, āri, 1 dep. tr. (v.) 모방하
다, 본받다

immānĭtās, −ātis, (n.) f. 야만, 잔인

immĕmŏr, −ŏris, (adj.) 기억하지 않는

immĭnens, −entis, (immineo의 현재분사) 임박한

immo, (adv.) 더구나, 오히려

immortālis, −e, (adj.) 불사불멸의

immortālĭtās, −ātis, (n.) f. 불사불멸, 영원성

impār, impăris, (adj.) 동등하지 않은, 홀수의,
틀린

impĕdīmentum, −i, (n.) n. 방해, 장애; pl. 보급
품, 수송부대

impĕdĭo, is, īvi(ĭi), ītum, īre, 4 tr. (v.) (발을)
묶다, 방해하다, 막다

impendĕo, es, ēre, 2 intr. et tr. (v.) 위협하다,
닥치다

impĕrātŏr, −ōris, (n.) m. 총사령관, (Iūlĭus
Caesăr 이후) 황제

impĕrĭum, −ĭi, (n.) n. 명령, 통치권, 직권, 지배,
정권

impĕro, as, āvi, ātum, āre, 1 tr. et intr. (v.) 명령
하다, 통치하다

impĕtro, as, āvi, ātum, āre, 1 tr. (v.) (노력, 간청
으로) 얻다, 성취하다

impĕtŭs, −ūs, (n.) m. 공격, 충격, 격정, 충동;
făcĕre impĕtūm 공격하다

impĭus, −a, −um, (adj.) 경건하지 않은, 불효한,
불충한, 패륜한

īmplĕo, es, plēvi, plētum, ēre, 2 tr. (v.) 가득
채우다

impōno, is, pŏsŭi, pŏsĭtum, ĕre, 3 intr. et tr.
(v.) 얹다, 올려놓다, 짊어지우다, 떠맡기다

impraesentĭārum(inpraesentĭārum), (adv.) 현
재 상태에서, 당분간

imprŏbē, (adv.) 불량하게, 나쁘게, 부실하게

imprŏbus, −a, −um, (adj.) 나쁜, 불량한, 부정직한

imprōvīsō, (adv.) 갑자기

impūnītus, −a, −um, (adj.) 벌을 면한, 석방된

īmus, −a, −um, (adj.) 가장 낮은, 맨 아래의(마지
막의), 깊은 곳의

ĭn, (praep.) 안으로, ~으로, ~동안, 까지; (목적
에) 대한; (의향을) 위하여; (변천, 태도, 기타
등에) 있어서, 으로; in culpa esse 잘못을 저
지르고 있다; in primis 특별히

ĭnaestĭmābĭlis, −e, (adj.) 평가할 수 없는, 헤아
릴 수 없는, 무가치한

ĭnambŭlo, as, āvi, ātum, āre, 1 intr. (v.) 이리저
리 거닐다, 산책하다

ĭnānis, −e, (adj.) 비어 있는, 헛된

incăpax, −ācis, (adj.) 무능한

incendĭum, −i, (n.) n. 화재

incertus, −a, −um, (adj.) 불확실한, 일정하지 않
은, 위험한, 어려운

incĭdo, is, cĭdi, (part. fut.) cāsūrus, ĕre, 3 intr.
(v.) 떨어지다, 빠지다, 걸리다, 우연히 만나
다, 일어나다

incīdo, is, cīdi, cīsum, ĕre, 3 tr. (v.) 베다, 자르
다, (글자를) 새기다

incĭpĭo, is, cēpi, ceptum, ĕre, 3 tr. et intr. (v.)
시작하다

inclūdo, is, clūsi, clūsum, ĕre, 3 tr. (v.) 가두다,
새겨 넣다, 동봉하다, 포함하다

incognĭtus, −a, −um, (adj.) 알려지지 않은

incŏla, −ae, (n.) m./f. 주민, 외국 정착민

incŏlo, is, cŏlŭi, cultum, ĕre, 3 tr. et intr. (v.)
살다, 거주하다, 서식하다

incŏlŭmis, −e, (adj.) 손상되지 않은, 안전한, 무
사한, 상처 없는

incondĭtē, (adv.) 무질서하게, 어지럽게, 혼잡하
게, 거칠게

incrēdĭbĭlis, −e, (adj.) 믿을 수 없는, 믿어지지
않는, 비상한

incumbo, is, cŭbŭi, cŭbĭtum, ere, 3 intr. (v.)
덤벼들다, 힘쓰다, 열중하다

indĕ, (adv.) 나중에, 그 뒤에, 그곳에서, 거기서
부터

indĭco, as, āvi, ātum, āre, 1 tr. (v.) 일러 주다,
가리키다

indīco, is, dixi, dictum, ĕre, 3 tr. (v.) 공포하다,
공고하다, 소집하다, 지시하다, 명령하다

indĭgens, −entis, (adj.) 결핍된, 없는

indĭgĕo, es, indigŭi, indigēre, 2 intr. (v.) (속격
요구) 필요하다, 필요로 하다, 필요한 것이
없다

indignus, −a, −um, (adj.) (탈격 요구) 자격이 없
는, ~에 부당한, 쓸모없는

indo, is, dĭdi, dĭtum, ĕre, 3 tr. (v.) 안에 넣다,
이름을 붙이다, (어떤 감정을) 불어넣다

indŭo, īs, dŭi, dūtum, ĕre, 3 tr. (v.) 입다, 입히다

industrĭus, −a, −um, (adj.) 부지런한, 열심히
하는

industrĭa, −ae, (n.) f. 노력, 근면, 열심

ĭnĕdĭa, −ae, (n.) f. 굶음, 단식, 기아

ĭnĕo, is, ĭi(īvi), ĭtum, īre, intr. et tr. anom. (v.)
intr. (in acc.) ~에 들어가다, 시작되다; tr. 들
어가다, 시작하다, 맺다, 취임하다

ĭnermis, −e, (adj.) 무장하지 않은, 비무장의, 무
방비의

ĭnertĭa, −ae, (n.) f. 무능, 무력, 타성

infandus, −a, −um, (adj.) 이루 말할 수 없는, 언
어도단의

infans, infantis, (adj.) 말 못하는, 아직 말 못하
는 아이

infēlīcĭtĕr, (adv.) 불행하게

infēlix, −īcis, (adj.) 불행한, 불모의

infĕri, −ōrum, (n.) m. pl. 지옥

infĕro, infers, intŭli, illātum, inferre, anom. tr.
(v.) 전쟁을 벌이다, 들어가다

infĭdēlis, −e, (adj.) 불충실한

infĭmus, −a, −um, (adj.) 맨 아래의, 최하의, 최하
층의, 병약한, 허약한, 노쇠한

infrā, (praep.) 아래에, 후에, ~보다 못한, ~에
뒤진; (adv.) 밑에

ingĕmisco, is, gĕmŭi, ĕre, 3 (v.) intr. 신음하다,
불평하다; tr. 울다, 한탄하다, 탄식하다

ingĕnĭum, −ĭi, (n.) n. (사물의) 성질, 재능, 재주

ingens, ingentis, (adj.) 거대한, 방대한

ingrātus, −a, −um, (adj.) 불유쾌한, 배은망덕한

ingrĕdĭor, ĕris, gressus sum, grĕdi, 3 dep. intr.
et tr. (v.) 들어가다, 착수하다

ĭnhŭmātus, −a, −um, (adj.) 매장하지 않은

ĭnĭcĭo, is, iēci, iectum, ĕre, 3 tr. (v.) (어떤 상태
에) 빠뜨리다, (감정을) 불어넣다, 초래하다

ĭnĭmīcus, −a, −um, (adj.) 적대적인; (n.) m. 원수, 적

ini(j)ūrĭa, −ae, (n.) f. 불의, 모욕, 권리 침해, 명
예 훼손

ini(j)ūrĭor, āris, ātus sum, āri, 1 dep. tr. (v.)
모욕하다, 폭행하다

innascor, ĕris, nātus sum, nasci, 3 dep. intr. (v.)
출생하다, 나다

innītor, ĕris, nixus sum, nīti, 3 dep. intr. (v.) 의지하다, 지탱되다, ~에 달려 있다

innŏcentĭa, −ae, (n.) f. 무죄, 결백

innŭmĕrābĭlis, −e, (adj.) 헤아릴 수 없는, 무수한

innŭmĕrus, −a, −um, (adj.) 무수한, 헤아릴 수 없는

ĭnops, ĭnŏpis, (adj.) 궁핍한, 빈곤한, 보잘것없는, 없는

inquăm, inquis, inquit, inquĭi, def. (v.) (인용구) 말하다

insānĭa, −ae, (n.) f. 미침, 광기, 정신착란

insānĭo, is, īvi(ĭi), ītum, īre, 4 intr. (v.) 미치다, 발광하다, 미쳐 날뛰다

inscītus, −a, −um, (adj.) 모르는, 이상한, 기괴한

insĕquor, quĕris, sĕcūtus sum, sĕqui, 3 dep. tr. (v.) 잇따르다, 추적하다, 뒤쫓다

insĭdĭae, −ārum, (n.) f. pl. 간계, 복병

insisto, is, stĭti, ĕre, 3 intr. et tr. (v.) 위에 서 있다, 뒤쫓아가다, 노력(추구, 고집)하다, 조르다; insistere in bellum 전쟁에 전념하다

instăr, (n.) n. indecl. 표본, 모형, 흡사; (+gen.) ~처럼, ~과 같은

instĭtŭo, is, stĭtŭi, stĭtūtum, ĕre, 3 tr. (v.) 삼다, 제정(설립)하다, 시작하다, 가르치다

instrŭo, is, struxi, structum, ĕre, 3 tr. (v.) 건설하다, 준비하다, 훈련시키다, 가르치다

insŭla, −ae, (n.) f. 섬

insum, es, fŭi, inesse, anom. intr. (v.) (+dat.) 안에 있다, 내재하다

intĕgĕr, −gra, −grum, (adj.) 완전한, 공정한

intellectŭs, −ūs, (n.) m. 지성, 오성

intellĕgo(intellĭgo), is, lexi, lectum, ĕre, 3 tr. (v.) 알다, 이해하다

intempĕrans, −antis, (adj.) 자제심 없는, 방종한

intendo, is, tendi, tentum, ĕre, 3 tr. (v.) 집중시키다, 주의를 기울이다, 의도하다

intĕr, (praep.) 사이에, 중간에, 동안에, 중에, 서로, 끼리; inter sē (adv.) 서로

īnterdīco, īs, dīxī, dīctum, ĕre, 3 intr. et tr. (v.) 금지하다

interdĭū, (adv.) 낮에

interdum, (adv.) 이따금, 때때로, 그동안에, 종종

intĕrĕā(intĕrim), (adv.) 그동안에

intĕrĕo, is, ĭi, ĭtum, īre, (v.) 사라지다, 죽다, 멸망하다

interfĭcĭo, is, fēci, fectum, ĕre, 3 tr. (v.) 죽이다, 살해하다, 제거하다

intĕrim(intĕrĕā), (adv.) 그동안에

interprĕs, interprĕtis, (n.) m./f. 중재자, 해설자, 해석자, 통역, 해석

interrŏgo, as, āvi, ātum, āre, 1 tr. (aliquem de aliqua re, aliquem aliquid, de aliquo, aliquid +간접 의문문) 묻다; 고소(고발, 심문)하다, 논증하다

intersum, intĕres, fŭi, esse, anom, intr. (v.) 사이에 있다, 구별이 있다, 출석하다, (비인칭) 관계하다

intervallum, −i, (n.) n. 간격, 거리, 휴식 시간

intervĕnĭo, is, vēni, ventum, īre, 4 intr. (v.) 끼어들다, 일어나다, 개입하다

īntestīnum, −ī, (n.) n. 장(腸)

intrā, (adv.) 안에; (praep.+acc.) (시간, 장소) 안에, 이내로, 안에

intrōdūco, is, duxi, ductum, ĕre, 3 tr. (v.) 소개하다, 안내하다, 도입하다, 가르치다

īntrŏĭtŭs, −us, (n.) m. 들어감

intŭĕor, ēris, tŭĭtus sum, ēri, 2 dep. tr. (드물게)

intr. (v.) 들여다보다, 자세히 보다

intŭs, (adv.) 안에, 안으로

ĭnūtĭlis, −e, (adj.) 무익한, 쓸데없는, 해로운

invādo, is, vāsi, vāsum, ĕre, 3 intr. et tr. (v.) 침입하다, (병, 고통, 감정 등이) 엄습하다

invĕnĭo, is, vēni, ventum, īre, 4 tr. (v.) ~을 찾다, 발견하다

invespĕrascit, − , ĕre, 3 impers. (v.) 저녁이 되다

investīgo, as, āvi, ātum, āre, 1 tr. (v.) 추적하다, 찾아내다, 탐구하다

invictus, −a, −um, (adj.) 지지 않는, 불굴의, 지치지 않는

invĭdĕo, es, vīdi, vīsum, ēre, 2 intr. et tr. (v.) 질투(시기)하다, 샘내다; invidere alicui, alicui rei (여격 요구) (사람, 사물을) 부러워하다

invĭdĭa, −ae, (n.) f. 시기, 질투

invĭdĭōsus, −a, −um, (adj.) 부러운, 시샘하는, 미운

invīto, as, āvi, ātum, āre, 1 tr. (v.) 초대하다, 권하다, 유혹하다

invītus, −a, −um, (adj.) 싫은 마음으로 하는, 억지로 하는

īnvolvo, īs, volvi, vŏlūtum, ĕre, 3 tr. (v.) 안으로 굴리다, 싸다, 말아 넣다

i(j)ŏcus, −i, (n.) m. 농담

Iŏvis(Iuppĭtĕr), −is, (n.) m. 제우스(그리스, 로마 신화의 신)

ipse, ipsa, ipsum, (pron.) 자신, 친히, ~도 또한

īra, −ae, (n.) f. 화, 분노

īrascor, ĕris, īrātus sum, īrasci, 3 dep. intr. (v.) 분노하다, 화내다

irrĭtus, −a, −um, (adj.) 무효의, 공허한, 헛된, 쓸모없는, 법적 가치가 없는

ĭs, ĕa, ĭd, (pron.) 그, 그 사람, 그것

istĕ, ista, istŭd, (pron.) 그것, 그 사람; (adj.) 그런, 그러한

ĭtă, (adv.) 이렇게, 물론; ĭtă ŭt ~할 만큼(할 정도로, 하도록, 하기에) ~해서, 어떻게 되다; ĭtă ŭt nōn ~할 만큼(할 정도로, 하도록, 하기에) ~해서, 어떻게 안 되다

Ītălus, −a, −um, (adj.) 이탈리아의, 이탈리아 사람의

ĭtăquĕ, (conj.) 그래서, 따라서, 그러므로

ĭtĕm, (adv.) 마찬가지로

ĭtĕr, ĭtĭnĕris, (n.) n. 여행, 여로, 방법, 행군

i(j)ŭbĕo, es, iussi, iussum, ēre, 2 tr. (v.) 명령하다, 권고하다

iūcundus, −a, −um, (adj.) 유쾌한, 재미있는, 즐거운

iūdĭco, as, āvi, ātum, āre, 1 tr. (v.) 판단하다, 심판하다, 선언하다

iŭgo, as, āvi, ātum, āre, 1 tr. (v.) 동여 묶다, 결혼하다

iŭgum, iugi, (n.) n. 멍에

Iŭgurtha, −ae, (n.) m. 유구르타[B.C. 160~104 누미디아(현재의 튀니지) 왕]

iunctus, −a, −um, (iungo의 분사, adj.) 이어진, 결합된, 연결된

iungo, is, iunxi, iunctum, ĕre, 3 tr. (v.) (마소에게) 멍에를 메우다, 결합시키다, 맺다, 결혼(결속)하다

Iuppĭtĕr(Iupĭtĕr), Iŏvis, (n.) m. 유피테르(로마인들에게 있어서 모든 신들의 왕), (그리스신화의) 제우스

iūrāmentum, −i, (n.) n. 맹세, 선서

iūrĕ, (adv.) 정당하게, 법대로, 마땅히

i(j)ūrispĕrītus, −i, (n.) m. 법학자

i(j)ūrisprūdentĭa, −ae, (n.) f. 법학, 판례

iūs, iūris, (n.) n. 법, 법규, 정당함, 권리

iusiūrandum, iūrisiūrandi, (n.) n. 서약, 맹세, 선서

iustĭtĭa, —ae, (n.) f. 정의

iustus, —a, —um, (adj.) 공정한, 정의로운, 정당한; (n.) m. 의인

iŭvĕnis, —is, (adj.) 젊은, 어린; (n.) m./f. (20세에서 40세 사이) 젊은이, 청소년

iŭventūs, —ūtis, (n.) f. 청춘, 젊은이들

iŭvo, as, iūvi, iūtum, āre, 1 tr. (v.) 돕다, 도움이 되다, 기쁘다

iuxtā, (adv. praep.) 가까이, 옆에, 가까워서, ~따라, ~대로, 의해서

J

J(I)aponĭa, —ae, (n.) f. 일본

J(I)esus, —u, (n.) m. 예수

j(i)ŏcor, āris, ātus sum, āri, 1 dep. intr. et tr. (v.) 농담하다, 장난하다

K

k(c)ălendae, —ārum, (n.) f. pl. (로마 달력의) 초하루, 달

kălendārĭum, —ĭi, (n.) n. 달력, 일력

k(c)rĭsis, —is, (n.) f. 위기

L

lăběfīo, is, factus sum, fĭěri (v.) (labefacio의 수
동) 흔들리다, 비틀거리다, 몰락하다

lābor, ěris, lapsus sum, lābi, 3 dep. intr. (v.)
미끄러지다, 탈락하다

lăbŏr, −ōris, (n.) m. 수고, 노력, 일, 고생

lăbōro, as, āvi, ātum, āre, 1 intr. et tr. (v.) 일하
다, 아프다

Lăcĕdaemŏnĭus, −ĭi, (n.) m. 스파르타인

lăcrĭma(−ŭma), −ae, (n.) f. 눈물

lăcŭs, −ūs, (n.) m. 호수, 저수지, 물통

laedo, is, laesi, laesum, ěre, 3 tr. (v.) 상처 입히
다, 가슴 아프게 하다, 비방하다

laetor, āris, ātus sum, āri, 1 dep. intr. (v.) 기뻐
하다, 좋아하다

laetus, −a, −um, (adj.) 기쁜, 즐거운, 호의적인

lănĭātus, −a, −um, (adj.) 찢어진, 찢긴

lănĭo, as, āvi, ātum, āre, 1 tr. (v.) 갈기갈기 찢
다, 고통을 주다

lăpis, −ĭdis, (n.) m. 돌, 기념 비석, 이정표 석,
대리석

lăquěo, as, āvi, ātum, āre, 1 tr. (v.) 결속하다,
묶다

largĭor, īris, ītus sum, īri, 4 tr. dep. (v.) 후하게
베풀다, 후하게 주다, 기부하다

lātĭtūdo, −dĭnis, (n.) f. 폭, 너비

Lătīnus, −a, −um, (adj.) Latium의, Latium 사람
의, 라틴어의

Lătĭum, −ĭi, (n.) n. 라티움족(이탈리아 중부, 오
늘날 라치오)

lātro, as, āvi, ātum, āre, 1 intr. et tr. (v.) 짖다,
욕설하다

lătro, −ōnis, (n.) m. 강도, 경호원, 사냥꾼

lātus, −a, −um, (adj.) 넓은

laudābĭlis, −e, (adj.) 높이 평가할, 칭찬받을 만한

laudo, as, āvi, ātum, āre, 1 tr. (v.) 칭찬하다,
찬양하다

laus, laudis, (n.) f. 찬미, 칭찬, 예찬

lectus, −i, (n.) m. 침대, 침상, 식탁

lēgātus, −i, (n.) m. 사신, 사절, 대사

lēgĭo, −ōnis, (n.) f. 군대, 군단

lēgislātĭo, −ōnis, (n.) f. 입법

lĕgo, is, lēgi, lectum, ěre, 3 tr. (v.) 읽다, 선발하
다, 가르치다

lēnĭo, is, īvi, ītum, īre, 4 tr. et intr. (v.) 진정시키
다, 달래다, 가라앉히다

lēnis, −e, (adj.) 공손한, 온화한, 부드러운

lĕo, lĕōnis, (n.) m. 사자

lĕvis, −e, (adj.) 윤기 나는

lēvis, −e, (adj.) 가벼운, 민첩한, 경솔한

lĕvĭtěr, (adv.) 가볍게, 피상적으로

lĕvo, as, āvi, ātum, āre, 1 tr. (v.) 덜어 주다,
들어 올리다, 위로하다

lex, lēgis, (n.) f. 법, 규정, 제도

lĭbens, −entis, (adj.) 기꺼이 하는, 좋아하는

lĭbentěr, (adv.) 기꺼이

lĭběr, −ěra, −ěrum, (adj.) 자유로운, 면제된, 상관
없는

lĭběr, libri, (n.) m. 책

lībĕrātĭo, −ōnīs, (n.) f. 해방

lībĕrē, (adv.) 자유롭게

lībĕri, −ōrum, (n.) m. pl. 자식

lībĕro, as, āvi, ātum, āre, 1 tr. (v.) 자유를 주다,
해방하다, 구하다

liberta, −ae, (n.) f. (노예 신분에서) 해방된 여자

lībertās, −ātis, (n.) f. 자유

libertus, −i, (n.) m. (노예 신분에서) 해방된 신
분의 사람(자유인)

lĭbīdo, lĭbīdĭnis, (n.) f. 욕구, 욕망, 방탕, 성욕

līcĕor, ēris, līcĭtus sum, ēri, 2 dep. intr. et tr. (v.) 입찰하다, ~해도 좋다

līcet, līcŭit(līcĭtum est), ēre, 2 intr. impers. (v.) 할 수 있다, 허락되다, 해도 좋다, 가하다

lictŏr, −ōris, (n.) m. 호위병

lignum, −i, (n.) n. 목재, 나무

līnĕa(−ĭa), −ae, (n.) f. 선, 실, 경계선

līnĕāmentum(līnĭā−), −i, (n.) n. 선(線), 얼굴 생김새, 윤곽

lingua, −ae, (n.) f. 언어, 말, 혀; lingua Lātina 라틴어

lintris, −is, (n.) f. 작은 배, 통나무 배(=linter, lintris, f.)

līs, lītis, (n.) f. 논쟁, 말다툼, 소송

littĕra, −ae, (n.) f. 글자, 문자

littĕrae, −ārum, (n.) f. pl. 편지, 문서, 학문, 문학

lītŭs, −ŏris, (n.) n. 해변, 바닷가

līvĭdus, −a, −um, (adj.) 창백한, 멍든, 질투하는, 샘내는

lŏcŭplēto, as, āvi, ātum, āre, 1 tr. (v.) 부유하게 하다

lŏcus, −i, (n.) m. 장소, 신분, 곳, 자리

lŏgĭca, −ae, (n.) f. 논리학

longus, −a, −um, (adj.) 긴, 먼, 오랜, 지루한

lŏquax, −ācis, (adj.) 수다스러운, 말 많은

lŏquor, ĕris, lŏcūtus(lŏquūtus) sum, lŏqui, 3 dep. intr. et tr. (v.) 말하다, 이야기하다

lūcescit, luxit, ĕre, 3 impers. intr. (v.) 동트다, 날이 밝다

lūcĭdus, −a, −um, (adj.) 밝은, 맑은

luctŭōsus, −a, −um, (adj.) 슬픈, 비참한

luctŭs, −ūs, (n.) m. 슬픔, 비애

lūdo, is, lūsi, lūsum, ĕre, 3 intr. et tr. (v.) 놀다, (공부 되는 것을) 재미 삼아 하다, 놀리다

lūdus, −i, (n.) m. 장난, 농담; pl. 경기, 축제

lūmĕn, −mĭnis, (n.) n. 빛, 광선

lūna, −ae, (n.) f. 달

lŭpus, −i, (n.) m. 늑대

lustro, as, āvi, ātum, āre, 1 tr. (v.) (군대를) 사열하다, 관찰하다

lux, lūcis, (n.) f. 빛, 낮, 여명, 새벽

luxŭrĭa, −ae, (n.) f. 호사로움, 방탕, 사치

M

Măcĕdōnes, -um, (n.) m. pl. 마케도니아 사람들

maerĕo, es, ēre, 2 intr. et. tr. (v.) 슬퍼하다

maestus, -a, -um, (adj.) 슬픈

măgis, (adv.) [강도(强度)의 개념] 더 이상

măgistĕr, -stri, (n.) m. 선생님

măgistra, -ae, (n.) f. 여선생님

măgistrātŭs, -ūs, (n.) m. 관직, 관청, 정무관, 공무원, 관리

magni, (adv.) 매우, 대단히; magni aestĭmāre 중히 여기다, 크게 평가하다

magnĭfĭcentĭa, -ae, (n.) f. 호화, 화려함, 웅대함, 대규모, 장엄

magnĭfĭcus, -a, -um, (adj.) 훌륭한, 화려한, 웅장한

magnĭtūdo, -dinis, (n.) f. 크기, 광대, 위대, 중요성

magnŏpĕrĕ(magnō ŏpĕrĕ), (adv.) 크게

magnus, -a, -um, (adj.) 큰, 위대한, 중요한

māiestās, māiestātis, (n.) f. 위대, 권위, 위엄; crīmĕn māiestātis 대역죄

māiŏr, (magnus의 비교급, adj.) 더 큰, 연장의; (n.) m. 선조; māiŏr nātū 연장자

mălĕ, (adv.) 나쁘게, 잘못

mălĕdĭcus, -a, -um, (adj.) 욕하는

mălĕfăcĭo(mălĕ făcĭo), făcis, fēci, factum, ĕre, 3 tr. et intr. (v.) 잘못하다, 해를 끼치다, 죄를 범하다

mālo, māvis, mālŭi, malle, anom. tr. (v.) 더 좋아하다, ~보다 ~을 택하다

mălum, -i, (n.) n. 악(惡), 불행, 재난, 병, 결점, 고통

mālum, -i, (n.) n. 사과

mălus, -a, -um, (adj.) 나쁜, 사악한

mālus, -i, (n.) f. 사과나무

mancĭpĭum, -ĭi, (n.) n. 노예

mando, as, āvi, ātum, āre, 1 tr. (v.) 맡기다, 위임하다, (마음에) 새기다

mānĕ, (n.) n. indecl. 아침; (adv.) 아침에, 일찍

mănĕo, es, mansi, mansum, ēre, 2 (v.) intr. 머무르다; tr. 기다리다

mănŭs, -ūs, (n.) f. 손, 군대

mărĕ, -is, (n.) n. 바다

mărīnus, -a, -um, (adj.) 바다의

mărĭtĭmus, -a, -um, (adj.) 바다의, 해안의

marmŏrĕus, -a, -um, (adj.) 대리석으로 만든, 대리석의

Massĭlĭa, -ae, (n.) f. 마르세유(프랑스 지중해 해안 도시)

Massĭlĭenses, -ĭum, (n.) m. pl. 마르세유 사람

Massĭlĭensis, -e, (adj.) 마르세유의

mātĕr, -tris, (n.) f. 어머니

mātĕrĭa, -ae, (n.) f. (=mātĕrĭēs) 물질, 재료, 원료, 나무, 목재, 주제, 문제

mātūrē, (adv.) 제때에, 때마침, 신속히

mātūrus, -a, -um, (adj.) 익은, 성숙한, (때, 철이) 이른, 일찍 오는

maxĭmē, (adv.) (magis의 최상급 부사) 최대한

maxĭmus, -a, -um, (adj.) (magnus의 최상급) 가장 큰, 최고의

me, (pron. pers. acc.) 나를, 나로서

mĕdĕor, ēris, ēri, 2 dep. intr. et tr. (v.) 신경 쓰다, 마음을 쓰다

mĕdĭcor, āris, ātus sum, āri, 1 dep. intr. et tr. (v.) 치료하다, 구제하다

mĕdĭcus, -a, -um, (adj.) 치료하는, 치료의

mĕdĭcus, -i, (n.) m. 의사

mĕdĭtor, āris, ātus sum, āri, 1 dep. intr. et tr.

(v.) 깊이 생각하다, 준비하다

mĕdĭum, −ĭi, (n.) n. 중간

mĕdĭus, −a, −um, (adj.) 중간의, 애매한, 중립의

mĕlĭŏr, mĕlĭŭs, (bonus의 비교급 형용사) 더 좋
은, 더 나은, 더 착한

mella, −ae, (n.) f. 꿀물

mĕmĭni, sti, isse, intr. et tr. def. (v.) (+gen.)
기억하고 있다, 생각나다, 회상하다

mĕmŏr, −ŏris, (adj.) 기억하는

mĕmŏrĭa, −ae, (n.) f. 기억, 회상

mendax, −ācis, (adj.) 거짓말하는

mendīcus, −i, (n.) m. 거지

mens, mentis, (n.) f. 정신, 생각, 사고력, 지성

mensa, −ae, (n.) f. 책상, 식탁

mensis, −is, (n.) m. 달, 월(月)

mentĭor, īris, ītus sum, īri, 4 dep. intr. et tr.
(v.) 거짓말하다, 속이다

Mentius, −i, (n.) m. 맹자

mercātŏr, −ōris, (n.) m. 상인, 장사꾼

mercēs, −cēdis, (n.) f. 품삯, 보수, 상품

mĕrĕo(mĕrĕor), es, ŭi, ĭtum, ēre, 2 tr. et intr.
(v.) 받을 만하다, ~할 만하다, 마땅히 받다

mĕrĕor(mĕrĕo), ēris, ĭtus sum, ēri, 2 dep. tr.
et intr. (v.) 받을 만하다, ~할 만하다

mĕrīdĭēs, −ēi, (n.) m. 정오, 남쪽

mĕrĭtō, (adv.) 당연히, 정당하게

mĕrĭtum, −ĭi, (n.) n. 공적, 상벌

mĕtallum, −i, (n.) n. 금속, 철물, 광산

mĕthŏdus(−ŏs), −i, (n.) f. 방법

mētĭor, īris, mensus sum, īri, 4 dep. tr. (v.) 측량
하다, 판단하다, 분배하다

mĕtŭo, is, ŭi, ūtum, ēre, 3 (v.) intr. 염려하다;
tr. 무서워하다, 두려워하다

mĕtŭs, −ūs, (n.) m. 공포, 두려움, 경외심

mĕus, −a, −um, (adj. pron. possess.) 나의; (n.)
n. pl. 내 본분, 의무; m. pl. 내 가족

mĭgro, as, āvi, ātum, āre, 1 intr. et tr. (v.) 이주
(이전, 이사, 이동)하다, 위반하다

mĭhi, (pron. pers. dat.) 나에게

mīlĕs, milĭtis, (n.) m. 군인, 사병

mīlĭa, −ĭum, (n.) n. pl. 수천

millĕ, mīlĭa(millĭa), (n.) n. indecl. 천(1,000)

mĭnae, −ārum, (n.) f. pl. 협박, 위험, 양심의 가책

mĭnĭmē(haud, nēquāqum), (adv.) 아주 조금, 최
소한; 결코 아니, 절대로 아니

mĭnŏr, mĭnŭs, (parvus의 비교급 형용사) 더 작
은, 더 어린(나이가 적은), 덜 중요한

minoris, (adv.) 더 적게, 덜하게

mĭnŭo, is, mĭnŭi, mĭnūtum, ĕre, 3 tr. et intr.
(v.) 줄다, 감소하다, 깨뜨리다, 부수다

mĭnŭs, (adv.) 덜, 작은, ~보다 적게

minŭtum, −i, (n.) n. (시간) 분

mīror, āris, ātus sum, āri, 1 dep. tr. et intr. (v.)
경탄하다, 놀라다, 경탄하는 눈으로 바라
보다

mīrus, −a, −um, (adj.) 이상한, 기묘한, 희한한,
경탄할 만한

mĭsĕr, −a, −um, (adj.) 불쌍한, 통탄할, 가엾은,
비참한

mĭsĕrē, (adv.) 불쌍하게

mĭsĕrĕor, ēris, mĭsĕrĭtus (mĭsĕrtus) sum, ēri, 2
dep. intr. (v.) (+gen.) 불쌍히 여기다

mĭsĕrĕt, mĭsĕrŭit, mĭsĕrĭtum, ēre, 2 intr.
impers. (v.) 불쌍히 여기다

mĭsĕrĭcordĭa, −ae, (n.) f. 자비심, 측은지심, 연민

mĭsĕrĭcors, −ordis, (adj.) 자비로운, 인정 많은

mītis, −e, (adj.) 양순한

mitto, is, mīsi, missum, ĕre, 3 tr. (v.) 보내다,

생략하다, 해임하다

mixtĭo, −ōnis, (n.) f. 혼합

mŏdĭus, −ĭi, (n.) m. (도량 단위) 말

mŏdŏ, (adv.) 금방, 방금, 이제 곧

moenĭa, −ĭum, (n.) n. pl. 성(城), 성곽

mŏlestē, (adv.) 귀찮게, 성가시게, 못마땅하게

mŏlestĭa, −ae, (n.) f. 귀찮음, 치근거림, 괴롭힘,
  번민

mŏlestus, −a, −um, (adj.) 귀찮은, 성가신, 괴로
  운, 불편한

mōlĭor, īris, ītus sum, īri, 4 dep. tr. et intr. (v.)
  이동하다, 옮겨 놓다, 공사하다, 계획하다

mollītĭa, −ae, (n.) f. 무름, 의지박약, 무기력

mŏnĕo, es, ŭi, ĭtum, ēre, 2 tr. (v.) 권고하다,
  알려 주다

mŏnĭtŏr, −ōris, (n.) m. 충고자, 권고자

mons, montis, (n.) m. 산, 산짐승

monstro, as, āvi, ātum, āre, 1 tr. (v.) 가리키다,
  보여 주다, 지시하다

mŏra, −ae, (n.) f. 지체, 유예

morbus, −i, (n.) m. 병, 질병, 병세, 병폐

mordĕo, es, mŏmordi, morsum, ēre, 2 tr. (v.)
  물다, 괴롭히다

mŏrĭor, mŏrĕris, mortŭus sum, mŏri, 3 dep.
  intr. (v.) 죽다, 멸망하다

mŏror, āris, ātus sum, āri, 1 dep. intr. et tr.
  (v.) 지체(지연)하다, 머무르다, 지연시키다,
  늦추다

mors, mortis, (n.) f. 죽음

morsŭs, −ūs, (n.) m. 물어뜯음, 깨문 상처, 헐뜯음

mortālis, −e, (adj.) 죽어 없어질, 치명적인

mortŭus, −a, −um, (mŏrĭor 동사의 과거분사)
  죽은

mōs, mōris, (n.) m. 관습, 관례, 풍습, (생활)

방식

mōtŭs, −ūs, (n.) m. 운동, 움직임, 춤, 소동

mŏvĕo, es, mōvi, mōtum, ēre, 2 tr. et (드물게)
  intr. (v.) 움직이다, 이동시키다, 소란을 일으
  키다

mox, (adv.) 이제 곧, 오래지 않아, 즉시

mūlĭĕr, −ĕris, (n.) f. 여자, 여인, 부인, 아내

multĭplex, −plĭcis, (adj.) 여러 겹의, 여러 종류의

multĭplĭcātĭo, −ōnis, (n.) f. 곱셈

multĭtūdo, −dĭnis, (n.) f. 군중, 대중, 무리

multo, as, āvi, ātum, āre, 1 tr. (v.) 처벌하다,
  벌금을 물리다

multum, (adv.) 대단히, 많이, 자주; (n.) m. 많
  음, 다수

multus, −a, −um, (adj.) 많은, 큰, 거대한, 알찬

mundus, −i, (n.) m. 세상, 세계, 우주

mūnĭcĭpĭum, −ĭi, (n.) n. 자치도시, 지방자치

mūnĭo, is, īvi(ĭi), ītum, īre, 4 tr. (v.) 방어 시설
  을 하다, 보호(방비, 수비)하다

mūnītĭo, −ōnis, (n.) f. 방어, 요새

mūnītus, −a, −um, (adj.) 방어진을 친, 방비가
  되어 있는

mūnŭs, −ĕris, (n.) n. 직무, 책임, 임무

mūrēna(＝mūraena), −ae, (n.) f. 곰치

mūs, mūris, (n.) m. 쥐

mūtātĭo, −ōnis, (n.) f. 변화, 변경

mūto, as, āvi, ātum, āre, 1 tr. et intr. (v.) 변경하
  다, 바꾸다, 변하다

N

nanciscor, ĕris, nactus (nanctus) sum, nancisci, 3 dep. tr. (v.) (우연히, 운 좋게) 얻다, 얻어 만나다

nāris, −is, (n.) f. 코

narro, as, āvi, ātum, āre, 1 tr. (v.) 이야기하다, 설명하다

nascor, ĕris, nātus sum, nasci, 3 dep. intr. (v.) 태어나다, 돋다, 생기다, 유래하다, 발생하다

nātĭo, −ōnis, (n.) f. 출생, 출신, 민족, 국가

nắto, as, āvi, ātum, āre, 1 intr. et tr. (v.) 헤엄치다, 수영하다

nātūra, −ae, (n.) f. 자연, 본성

nātus, −a, −um, (adj.) 태어난, 출생한, 생겨난, 자연적으로 만들어진

nātus, −i, (n.) m. 아들, 자식, 동물의 새끼

naufrăgĭum, −ĭi, (n.) n. 파선, 난파(難破), 낭패, 불행, 폐허

nauta, −ae, (n.) m. 선원

nautĭcus, −a, −um, (adj.) 선원의, 바다의, 해상의

nāvis, −is, (n.) f. 배, 선박

nāvĭgo, as, āvi, ātum, āre, 1 intr. et tr. (v.) 항해하다

nē, (adv.) 참으로, 아니; nē ~ quĭdem ~라도(조차) 아니; (conj.) ~않기 위해서; ~하지 않도록

Nĕāpŏlis, −is, (n.) f. 나폴리; m. pl. 나폴리 주민

nĕc ~ nĕc, (conj.) [부정의 연속] ~도 ~도 아니다

nĕcessārĭo(nĕcessārĭē), (adv.) 반드시

nĕcessārĭus, −a, −um, (adj.) 필요한, 불가피한, 절친한

nĕcessĭtās, −ātis, (n.) f. 필연성, 필요성, 필요

nĕco, as, āvi, ātum, āre, 1 tr. (v.) 죽이다, 살해하다

nĕfas, (n.) n. indecl. 불가(不可), 부당함

neglĕgo(nec−), is, exi, ectum, ĕre, 3 tr. (v.) 소홀히 하다, 무시하다, 업신여기다

nĕgo, as, āvi, ātum, āre, 1 intr. et tr. (v.) 부인하다, 거절하다

nĕgōtĭum, −ĭi, (n.) n. 일, 업무, 직무

nēmo, nemĭnis, (pron.) m./f. 아무도 ~않다, 못하다, 없다

nēquāquam, (adv.) 절대로 아니

nĕquĕ(nĕc), (conj.) 아니

nĕquĕo, is, īvi(ĭi), ītum, īre, intr. anom. (v.) ~할 수 없다, ~할 능력이 없다

nēquicquam, (adv.) 쓸데없이, 무익하게

Nĕro, Nĕrōnis, (n.) m. 네로(Claudia 씨족의 성)

nescĭo, is, īvi(ĭi), ītum, īre, 4 tr. (v.) 모르다

neutĕr, −tra, −trum, (adj.) 둘 중 어느 것도 아닌, 중립의, 중성의

nēvĕ(neu), (adv.) ~도 마라

nīdĭfĭco, as, āvi, ātum, āre, 1 tr. (v.) 둥지를 짓다, 보금자리를 만들다

nĭgĕr, nĭgra, nĭgrum, (adj.) 검은, 흐린, 우울한, 흉악한

nĭhĭl, (n.) n. indecl. 무(無); (adv.) 아무것도 아니, 조금도 아니, 쓸데없이

nĭhĭl non, (n.) n. indecl. 전부, 모두

nīl(nĭhĭl), (n.) n. indecl. 아무것도 아니[없(다)]

nimbus, −i, (n.) m. 소나기

nīmīrum, (adv.) 분명히, 물론, 즉

nĭmĭs(nĭmĭum), (adv.) 너무, 지나치게

nĭmĭum, (adv.) 지나치게

nĭmĭum, −ĭi, (n.) n. 너무 많음, 지나침

nĭmĭus, −a, −um, (adj.) 지나친, 과도한, 너무 많은

ningit, ninxit, ĕre, impers. 3 intr. et tr. (v.) 눈이 내리다(오다)

nītor, ĕris, nīsus (nixus) sum, nīti, 3 dep. intr.

(v.) 의지하다, 의탁하다

nix, nǐvis, (n.) f. 눈

nōbǐlis, −e, (adj.) 알려진, 고귀한, 귀족의

nōbǐlǐtās, −ātis, (n.) f. 유명, 고상, 귀족

nobis, (pron.) 우리에게

nŏcĕo, es, nŏcŭi, nŏcǐtum, ēre, 2 intr. et tr. (v.) 해를 끼치다, 해치다, 나쁜 짓을 하다

nocte(noctū), (adv.) 밤에, 야간에(nox의 탈격, 부사로 사용)

nōlo, non vis, nōlŭi, nolle, anom. (v.) 원하지 않다

nōmĕn, −mǐnis, (n.) n. 이름, 씨족 명, 가문, 명목

nōn, (adv.) 아니; nōn A ~ sĕd B A가 아니라 B; nōn A, vērum B A가 아니라, B; nōn mŏdŏ ~ sĕd ĕtǐam ~뿐 아니라 ~ 또한; nōn nēmo 누군가, 어떤 사람; nōn nǐhǐl 무언가, 어떤; nōn sŏlum ~ sĕd ĕtǐam ~뿐만 아니라 ~도

nondum, (adv.) 아직 ~아니

nongenti, −ae, −a, (adj.) 9백

nonnĕ, (adv.) 만일 ~아니라면 (긍정적 대답을 기대하며) ~하지 않느냐? 아니란 말이냐?

nonnulli, −ae, −a, (n.) pl. 어떤 것

nonnullus, −a, −um, (adj.) 어떤

nosco, is, nōvi, nōtum, ĕre, 3 tr. (v.) 알다, 깨닫다, 이해하다, 검토하다

nostĕr, −tra, −trum, (adj.) 우리의; (n.) n. pl. 우리 재산

nōtus, −a, −um, (adj.) 잘 알려진, 잘 아는, 소문난

Nōtus(Nŏtŏs), −i, (n.) m. 남풍(바람 이름)

nōvi, novisse, (v.) 알고 있다, 잘 알다

nŏvissǐma, −ōrum, (n.) n. pl. 세상의 종말

nŏvǐtās, −ātis, (n.) f. 새로움, 뜻밖의 일

nŏvum, −i, (n.) n. 새로운 것, 뉴스

nŏvus, −a, −um, (adj.) 새로운, 서투른, 익숙지

못한

nox, noctis, (n.) f. 밤

noxǐus, −a, −um, (adj.) 해로운, 죄 있는, 벌 받을

nūbǐlat, −, nubilare, impers. (v.) (하늘이) 흐리다

nūbǐlus, −a, −um, (adj.) 구름 낀, 어두운, 불운한

nūbo, is, nupsi, nuptum, ĕre, 3 tr. et intr. (v.) 가리다, 시집가다

nūdo, as, āvi, ātum, āre, 1 tr. (v.) 벗기다, 약탈하다

nūdus, −a, −um, (adj.) 벗은, 무장하지 않은, 빈, 뺏긴

nullus, −a, −um, (adj.) 아무 ~도 아닌, 아닌, 하나도 없는

nullus non, (n.) m. 모두

nŭmĕro, as, āvi, ātum, āre, 1 tr. (v.) (수를) 세다, 가지다, 인정받다

nŭmĕrus, −i, (n.) m. 수, 숫자

Nŭmǐda, −ae, (n.) m. 누미디아 사람(현 알제리)

nummus, −i, (n.) m. 로마의 동전, 푼돈

numquam(nunquam), (adv.) 결코, 한 번도 아니

nunc, (adv.) 이제, 지금, 현재

nuntǐo, as, āvi, ātum, āre, 1 tr. (v.) 알리다, 통고하다, 보고하다

nuntǐus, −ǐi, (n.) m. 전령

nūpĕr, (adv.) 최근에, 요새

nupta, −ae, (n.) f. 신부, 새색시

nuptǐae, −ārum, (n.) f. pl. 혼인, 결혼식

nuptŭs, −ūs, (n.) m. 결혼, 혼인

nŭrŭs, −ūs, (n.) f. 며느리

nusquam, (adv.) 아무 데서도 아니, 아무 때도 아니

nūtrǐo, is, īvi(ǐi), ītum, īre, 4 tr. (v.) 기르다, 양육하다

O

ŏb, (praep.) 앞에, 때문에, 대신에; ob eam rem
 그렇기 때문에

ŏbambŭlo, as, āvi, ātum, āre, 1 intr. et tr. (v.)
 ~ 주변을 왔다 갔다 하다, 돌아다니다

obdūro, as, āvi, ātum, āre, 1 (v.) intr. 완고해지
 다, 버티다; tr. 군건히(완고해지게) 하다

ŏbĕo, is, ĭi(드물게 īvi), ĭtum, īre, 4 (v.) intr.
 향해서 가다, (해, 달, 별이) 지다, (사람) 죽
 다; tr. 당하다, 준수하다, 이행하다

ŏbĭcĭo, is, iēci, iectum, ĕre, 3 tr. (v.) 보이게
 하다, 맞세우다, 반대하다

obiurgo, as, āvi, ātum, āre, 1 tr. (v.) 책망하다,
 비난하다, 나무라다, 질책하다

oblīviscor, ĕris, oblītus sum, oblīvisci, 3 dep.
 intr. et tr. (v.) 잊어버리다, 망각하다, 게을리
 하다

ŏboedĭo(ŏbēdĭo), is, īvi(ĭi), ītum, īre, 4 intr. (v.)
 복종하다, 귀를 기울이다

obrŭo, is, rŭi, rŭtum, ĕre, 3 tr. et intr. (v.) 덮다,
 파묻다, 짓밟다

obscūrus, -a, -um, (adj.) 어두운, 희미한, 모호한

obsĕcro, as, āvi, ātum, āre, 1 tr. (v.) 간원하다,
 애원하다, 간청하다

obsĕquor, ĕris, obsĕcūtus sum, obsĕqui, 3 dep.
 intr. (v.) ~의 뜻을 따르다, 복종하다

obsĭdĕo, es, sēdi, sessum, ēre, 2 (v.) intr. (우두
 커니) 앉아 있다; tr. 포위하다

obsĭdĭo, obsĭdĭōnis, (n.) f. 포위, 감금, 점령

obsĭdĭum, -ĭi, (n.) n. 포위, 매복, 위기

obsum, ŏbes, obfŭi, obesse, intr. (v.) 해롭다,
 손해가 되다, 방해가 되다

obtĭnĕo(opt-), es, tĭnŭi, tentum, ēre, 2 tr. (v.)
 차지하다, 다스리다, 얻다, 획득하다

obtingo(opt-), is, tĭgi, ĕre, 3 tr. et intr. (v.) 생기
 다, 일어나다

obtundo(opt-), is, tŭdi, tūsum(tunsum), ĕre, 3
 tr. (v.) 때리다, (눈, 귀를) 어둡게 하다, 무디
 게 하다

obvĭăm, (adv.) 만나러, 마주쳐, 맞서

occāsŭs, -ūs, (n.) m. 일몰, 해넘이, 죽음, 멸망

occĭdo, is, occĭdi, occāsum, ĕre, 3 intr. (v.) 죽다,
 떨어지다, (해, 달, 별이) 지다

occīdo, is, occīdi, occīsum, ĕre, 3 tr. (v.) 죽이다,
 살해하다, 죽일 듯이 괴롭다

occulto, as, āvi, ātum, āre, 1 tr. (v.) 숨기다,
 감추다

occŭpo, as, āvi, ātum, āre, 1 tr. (v.) 차지하다,
 점령하다

ŏcŭlus, -i, (n.) m. 눈, 시력, 시각

ōdi, ōdisti, ōdisse, tr. def. (v.) 미워하다

ŏdĭum, -ĭi, (n.) n. 미움, 증오

ŏdŏr, -ōris, (n.) m. 냄새, 향기; pl. 향수

ŏdōrātŭs, -ūs, (n.) m. 후각, 냄새

offĭcĭum, -ĭi, (n.) n. 직분, 본분, 의무, 책임, 관청

ōlim, (adv.) 예전에, 옛날 옛적에

Ŏlympĭăs, ădis, (n.) f. 고대 올림픽 경기

ŏmitto, is, ŏmīsi, ŏmissum, ĕre, 3 tr. (v.) 포기하
 다, 단념하다, 생략하다

omnĭa, -ium, (n.) n. pl. 세상만사, 모든 것

omnīnō, (adv.) 모두, 전적으로

omnis, -e, (adj.) 모든; (n.) m. pl. 모든 사람,
 n. 전부

ŏnĕro, as, āvi, ātum, āre, 1 tr. (v.) 짐 지우다,
 가득하게 하다

ŏnŭs, ŏnĕris, (n.) n. 짐, 책임, 부담

onustus, -a, -um, (adj.) 짐 실은

ŏpācus, -a, -um, (adj.) 컴컴한, 어두운, 그늘진

ŏpĕra, —ae, (n.) f. 일, 노동, 수고, 도움, 노동자

ŏpĕrĭo, īs, ŏpĕrŭī, ŏpĕrtum, īre, 4 tr. (v.) 입다, 입히다

ŏpĕror, āris, ātus sum, āri, 1 dep. intr. et tr. (v.) 일하다, 작용하다, 노력하다

ŏpĕrōsus, —a, —um, (adj.) 열심히 일하는, 활동적인

ŏpīnĭo, —ōnis, (n.) f. 의견, 견해

ŏpīnor, āris, ātus sum, āri, 1 dep. tr. (v.) 생각하다, 여기다, 믿다, 추측하다

ŏportet, ŏportŭit, ēre, 2 intr. impers. (v.) 필요하다, 해야 한다, 마땅하다

oppĕto(obp—), is, pĕtīvi(pĕtĭī), pĕtītum, ĕre, 3 tr. (v.) 마주 나아가다, 직면하다

oppĭdāni, —ōrum, (n.) m. pl. (로마 이외의) 지방 도시민

oppĭdum, —i, (n.) n. 도시(일반적으로 로마 시 이외의 지방 도시)

opprĭmo(obp—), is, pressi, pressum, ĕre, 3 tr. (v.) 탄압하다, 억압하다

oppugno(obp—), as, āvi, ātum, āre, 1 tr. (v.) 공격하다, 침공하다, 논박하다

ops, ŏpis, (n.) f. 힘, 도움, 원조; pl. 재산, 재력, 자원

optĭmē, (adv.) 매우 좋게, 매우 잘

optĭmus(optŭ—), —a, —um, (adj.) 가장 좋은, 제일 훌륭한

opto, as, āvi, ātum, āre, 1 tr. (v.) (간절히) 바라다, 원하다, 기원하다

ōra, —ae, (n.) f. 가장자리, 해안, 한계, 지역

ōrācŭlum, —i, (n.) n. 신탁, 예언

ōrātĭo, —ōnis, (n.) f. 말, 연설, 변론

ōrātŏr, —ōris, (n.) m. 연설가, 웅변가

orbis, —is, (n.) m. 원형, 둘레, 궤도, 회전

orbo, as, āvi, ātum, āre, 1 tr. (v.) 여의게 하다, 앗아 가다

orbus, —a, —um, (adj.) 자식 없는, 여읜, 없는, 결여된

ordior, īris, orsus sum, īri, 4 dep. tr. (v.) 시작하다, 엮다, 짜다

ordo, ordĭnis, (n.) m. 열, 질서, 전열

ŏrīgo, —gĭnis, (n.) f. 기원, 원천, 출생지

ŏrĭor, ŏrĕris, ortus sum, (part. fut.) ŏrĭtūrus, ŏrīri, 3 et 4 dep. intr. (v.) (해, 달, 별) 뜨다, 발생하다, 출생하다

ōro, as, āvi, ātum, āre, 1 tr. (v.) 말하다, 청하다, 빌다, 기도하다

ortŭs, —ūs, (n.) m. 일출, 월출

ōs, ōris, (n.) n. 입, 구멍, 출입구, 말

ŏs, ossis, (n.) n. 뼈; pl. 골격, 골수

ōtĭor, āris, ātus sum, āri, 1 dep. intr. (v.) 한가로이 지내다, 휴식을 갖다, 쉬다

ŏvis, —is, (n.) f. 양(羊), 순한 사람

P

păciscor, ĕris, pactus sum, păcisci, 3 dep. intr.
(v.) ~에 이르다, 도달하다, 얻다

pactum, −i, (n.) n. 협정, 계약

paenĕ(pēnĕ), (adv.) 거의, 하마터면

paenĭtet(poenitet), paenĭtŭit, paenĭtēre, impers.
2 (v.) 후회하다, 유감으로 여기다, 못마땅해
하다

pāgus, −i, (n.) m. 시골, 농촌, 마을

pălăm, (adv.) 공공연히, 숨김없이

Pălātĭum, −ĭi, (n.) n. 팔라티움 언덕(로마의 일
곱 언덕 중 하나); (캐사르의) 궁전, 왕궁

palma, −ae, (n.) f. 손바닥, 손, 종려나무, 승리,
우승

pălūs, −ūdis, (n.) f. 늪지대, 습지, 수렁

pălustĕr, −tris, −tre, (adj.) 진펄의, 수렁의, 늪이
많은

pango, is, panxi(pĕpĭgi), panctum(pactum), ĕre,
3 tr. (v.) 박다, (나무를) 심다, 협정하다

pānis, −is, (n.) m. 빵, 양식

pār, păris, (adj.) 같은, 동등한; (n.) m./f. 한 쌍,
배우자; (n.) n. 짝수

părăgrăphus, −i, (n.) m. 조항, 절

părātus, −a, −um, (adj.) 준비된, 각오가 된

parco, is, pĕperci(parsi), parsum(parcĭtum),
ĕre, 3 intr. (시어, 상고 라틴어에서는 tr.) (v.)
용서하다, 절약하다, 잘 보존하다

părens, părentis, (n.) m./f. 부모, 어버이

părentes, −um(드물게 ium), (n.) m. pl. 부모,
양친

pārĕo, es, pārŭi, pārĭtum, ēre, 2 intr. (v.) 나타나
다, 보이다; (+dat.) 복종하다, 종속되다; (비
인칭) paret 분명하다

părĭo, as, āvi, ātum, āre, 1 intr. 같게 하다, 청산

하다; tr. 같다, 동등하다

părĭo, is, pĕpĕri, partum(part. fut. părĭtūrus),
părĕre, 3 tr. (v.) 낳다, 얻다, 초래하다, 생산
하다

păro, as, āvi, ātum, āre, 1 tr. (v.) 준비하다, 획득
하다

parrĭcīdĭum, −ĭi, (n.) n. 존속살해, 친족 살해,
반란

pars, partis, (n.) f. 부분, 조각, 편, 면, 입장; pl.
정당, 원고, 소송당사자

parsĭmōnĭa, −ae, (n.) f. 절약, 검소

partĭceps, −cĭpis, (adj.) 참가하는, 참여하는

partim, (adv.) 부분적으로

partĭor, īris, ītus sum, īri, 4 dep. tr. (v.) 나누다,
분배하다

părŭm, (adv.) 적게, 조금, 불충분하게

partŭs, −ūs, (n.) m. 분만, 해산, 자식, 아기, 새끼

parvē, (adv.) 조금

parvŭlus, −a, −um, (adj.) 어린, 아주 작은; (n.)
m. 어린이

parvus, −a, −um, (adj.) 작은, 적은

pasco, is, pāvi, pastum, ĕre, 3 (v.) tr. 방목하다,
양육하다; intr. 풀을 먹다

passim, (adv.) 여기저기, 도처에, 무질서하게

passŭs, −ūs, (n.) m. 발걸음, 발자국, 보(步)

pastŏr, pastōris, (n.) m. 목자, 목동

pătĕo, es, pătŭi, ēre, 2 intr. (v.) 열려 있다, 길이
나 있다, 펼쳐지다, 분명하다

pătĕr, pătris, (n.) m. 아버지; pl. 원로원 의원,
교부(教父)

pătĕra, −ae, (n.) f. 제사용 술잔

pătĭens, −entis, (adj.) 참을 줄 아는, 인내력 있
는, 자제력 있는

pătĭor, patĕris, passus sum, păti, 3 dep. tr. (v.)

고통 받다, 참다, 견디다, 감수(감당)하다, 내
버려 두다

pătrĭa, -ae, (n.) f. 조국, 자기 나라, 발상지, 원산지

pătrōnus, -i, (n.) m. 법정 변호인, 후원자, 변호사

paucus, -a, -um, (adj.) 적은, 소수의, 드문, 희
귀한

paulātim, (adv.) 조금씩, 차차

paulō, (adv.) 조금, 약간

paulum, (adv.) 작은, 적게

paulus, -a, -um, (adj.) 조금, 약간

paupĕr, -ĕris, (adj.) 가난한, 빈약한

paupertās, -ātis, (n.) f. 가난, 빈곤

pax, pācis, (n.) f. 평화, (마음의) 평정, 신의
가호

peccātum, -i, (n.) n. 죄, 잘못

pecco, as, āvi, ātum, āre, 1 intr. (v.) 죄짓다,
범죄를 저지르다

pectŭs, pectŏris, (n.) n. 가슴, 심장, 마음, 감정

pĕcūlātŭs, -ūs, (n.) m. 공금 횡령, 독직

pĕcūnĭa, -ae, (n.) f. 돈, 금전, 재산

pĕdĕs, pĕdĭtis, (n.) m. 보행자, 보병, 평민, 서민

pĕdestĕr, -stris, -stre, (adj.) 도보의, 보병의, 육
지의, 육군의, 평범한

pĕlăgus, -i, (n.) n. 대양, 큰 바다

pellis, -is, (n.) f. 가죽, 모피

pello, is, pĕpŭli, pulsum, ĕre, 3 tr. (v.) 두드리다,
내쫓다, 추방하다, 이르게 하다, ~하도록 시
키다

pelvis, -is, (n.) f. 대야

pendĕo, es, pĕpendi, ēre, 2 intr. (v.) 매달려 있
다, 걸려 있다

pĕnĕs, (praep.) (+acc.) 수중에, 권한 내에, ~의
집에, 곁에

pĕnĭtŭs, (adv.) 깊숙이, 온전히

per, (praep.) (+acc.) 통하여, 지나서, 거쳐서,
동안(내내); (수단, 도구, 방법) ~로; (이유)
~때문에; (중개) ~을 통해, 덕분에

percommŏdē, (adv.) 아주 적절하게, 매우 적
기에

percŭtĭo, is, percussi, percussum, ĕre, 3 tr. (v.)
(손, 발 등으로) 때리다, (돈을) 주조하다, 악
기를 타다

perdix, -īcis, (n.) m./f. 자고새(꿩과)

perdo, is, perdĭdĭ, perdĭtum, ĕre, 3 tr. (v.) 망하
게 하다, 잃다, 탕진하다, 실패하다

perdūco, is, duxi, ductum, ĕre, 3 tr. (v.) 안내하
다, 데리고 가다, 이끌고 가다

pĕrĕgrīnor, āris, ātus sum, āri, 1 dep. intr. (v.)
외국을 여행하다, 순례하다

pĕrĕo, is, pĕrĭi(드물게 pĕrīvi), pĕrĭtūrus, īre,
intr. anom. (v.) 죽다, 없어지다, 멸망하다

pĕrexĭgŭus, -a, -um, (adj.) 매우 짧은, 잠시간의

perfĕro, fers, tŭli, lātum, ferre, tr. anom. (v.)
운반하다, 전달하다, 참다, 법을 통과시키다

perfĭcĭo, is, fēci, fectum, ĕre, 3 tr. (v.) 마치다,
끝내다, 완성하다

perfrŭor, ĕris, fructus sum, frŭi, 3 dep. intr.
(v.) 충분히 향유하다, 누리다

perfŭga, -ae, (n.) m. 도망자, 탈주병, 망명자

perfungor, ĕris, functus sum, fungi, 3 dep. intr.
(v.) 실행하다, 죽다, (시험을) 치르다

pergo, is, perrexi, perrectum, ĕre, 3 tr. (v.) 계속
해서 하다, 전진하다, 착수하다

pergrātus, -a, -um, (adj.) 매우 기쁜, 대단히
고마운

pĕrīcŭlōsus, -a, -um, (adj.) 위험한, 위태로운,
무모한

pĕrīcŭlum, -i, (n.) n. 시험, 위험, 소송

pĕrĭŏdus, −i, (n.) f. 시기, 시대, 단락

pĕrītus, −a, −um, (adj.) 경험 많은, 숙련된, 전문 가인; (n.) m. 전문가

permagni, (adv.) 최대한

permagnus, −a, −um, (adj.) 매우 큰, 매우 중대한

permănĕo, es, mansi, mansum, ēre, 2 intr. (v.) 지속하다, 영속하다

permētĭor, īris, mensus sum, īri, 4 dep. tr. (v.) 측량하다

permitto, is, mīsi, missum, ĕre, 3 tr. (v.) 맡기 다, 허락하다, 용서하다

permultus, −a, −um, (adj.) 대단히 많은

pernĭcĭēs, −ei, (n.) f. 파멸, 재앙

pernĭcĭōsus, −a, −um, (adj.) 해로운, 위험한, 치 명적인

perpĕtĭor, ĕris, pessus sum, pĕti, 3 dep. tr. (v.) 겪다, 참다, 내버려 두다

perpĕtŭō, (adv.) 영원히

Persae, −ārum, (n.) m. pl. 페르시아인들

Persēs(Persa), −ae, (n.) m. 페르시아인

persector, āris, ātus sum, āri, 1 dep. tr. (v.) 추적 하다, 탐구하다

persĕquor, ĕris, sĕcūtus sum, sĕqui, 3 dep. tr. (v.) 박해하다, 추적하다

persĭcus, −a, −um, (adj.) 페르시아인의

persōna, −ae, (n.) f. 가면, 인물, 인격, 신분

perspĭcĭo, is, spexi, spectum, ĕre, 3 tr. (v.) 속속 들이 들여다보다, 꿰뚫어 보다, 통찰하다

persuādĕo, es, suāsi, suāsum, ēre, 2 tr. et intr. (v.) 확신시키다, 설득하다

perturbo, as, āvi, ātum, āre, 1 tr. (v.) 어지럽게 (당황하게, 불안하게) 하다

pervĕnĭo, is, vēni, ventum, īre, 4 intr. (v.) 오다, 도착하다, 이르다, (누구에게) 돌아가다, (누

구의) 차지가 되다

pēs, pĕdis, (n.) m. 발, (시) 운율, (음악) 박자, (척도) 자

pessĭmus, −a, −um, (superl. adj.) 가장 나쁜, 최악의

pessum, (adv.) 아래로, 깊이, 밑바닥까지; (관용 어) pessum dāre 망치다, 버려 놓다

pestĭfĕr, pestĭfĕra, pestĭfĕrum (adj.) 페스트를 퍼뜨리는, 유해한, 해로운

pestĭfĕra, −ōrum, (n.) n. pl. 해로운 것들

pestis, −is, (n.) f. 페스트, 흑사병, 재해, 재난, 위험인물

pĕto, is, īvi(ĭi), ītum, ĕre, 3 tr. (v.) 청하다

phantasma, −ătis, (n.) n. 유령, 환상

phĭlŏsŏphĭa, −ae, (n.) f. 철학

phrăsis, −is, (n.) f. 문구, 말투

phrĕnētĭcus(phreniticus), −a, −um, (adj.) 정신착 란의, 광란의

pĭcĕus, −a, −um, (adj.) 역청같이 새까만

pictŏr, −ōris, (n.) m. 화가

pĭgĕr, −gra, −grum, (adj.) 게으른, 느린, 잔잔한

pĭgĕt, pĭgŭit(pĭgĭtum est), pigēre, 2 impers. (v.) 싫다, 싫증을 느끼다

pīnus, −ūs(−i), (n.) f. 소나무

pīrāta, −ae, (n.) m. 해적

piscis, −is, (n.) m. 물고기

pĭus, −a, −um, (adj.) 효성스러운, 경건한, 신심 깊은

plăcĕo, es, plăcŭi, plăcĭtum, ēre, 2 intr. (v.) ~의 마음에 들다, 좋아하게 하다, (배우, 작품) 인 기를 끌다

plăcĭdus, −a, −um, (adj.) 온화한, 친절한, 고요 한, 조용한

plānē, (adv.) 판판하게, 명백히, 전혀, (대답) 물

론이지

planta, −ae, (n.) f. 식물

plătănus, −i, (n.) f. 플라타너스

Plăto, −ōnis, (n.) m. 플라톤(그리스의 철학자)

plaudo, is, plausi, plausum, ěre, 3 tr. et intr. (v.) 소리 나게 치다, 손뼉 치다, 박수하다, 칭찬하다

plebs, plēbis, (n.) f. 평민, 민중

plēnus, −a, −um, (adj.) 가득한, 배부른, 만족한, 임신한, 장성한

plērīquě, plēraequě, plērăquě, (adj.) pl. 대부분의, 대다수의(경우, 사람들)

plērumquě, (adv.) 자주, 대부분, 일반적으로

plērusquě, plēraquě, plērumquě, (adj.) 대부분의, 대단히 많은

plōro, as, āvi, ātum, āre, 1 intr. et tr. (v.) 슬피 울다, 비탄하다

plŭit, plŭit, plŭěre, impers. (v.) 비가 내리(오)다

plumbum, −i, (n.) n. 납

plūrĭmi, (adv.) 대단히

plūrĭmum, (adv.) 가장 많이, 대단히, 최대한

plūrĭmus, −a, −um, (adj.) 대대수의, 가장 많은

plūs, plūris, (n.) n. 더 많음; (adv.) 더 많이[수(數)를 언급]

plūris, (adv.) 더

pōcŭlum, −i, (n.) n. 잔, 술잔, 독배

pŏēma, −atis, (n.) n. 시, 시가

poena, −ae, (n.) f. 벌, 죄

pŏēsis, −is, (n.) f. 시, 운문

pŏēta, −ae, (n.) m. 시인

pŏlītĭcus, −a, −um, (adj.) 정치적인

pollĭcěor, ēris, pollĭcĭtus sum, ēri, 2 dep. tr. (v.) 약속(보증)하다, 허락하다, 제공하다

Pŏlyphēmŏs(−us), −i, (n.) m. (그리스신화) 폴리

페모스

pōlypus, −i, (n.) m. 산호충, (의학) 용종

Pompēii, −orum, (n.) m. pl. 폼페이

pōmum, −i, (n.) n. 과일

pondō, (n.) n. indecl. 로마의 무게 단위, 파운드 (327.45gr)

pōno, is, pŏsŭi, pŏsĭtum, ěre, 3 tr. (v.) 두다, (진을) 치다, (군을) 배치하다, 주장하다

pons, pontis, (n.) m. 다리, 교량, 갑판

pontus, −i, (n.) m. 바다, 심연

pŏpŭlāris, −e, (adj.) 민중의 환심을 사는

pŏpŭlus, −i, (n.) m. 국민, 백성, 민중, 전 국민

pōpŭlus, −i, (n.) f. 포플러, 백양나무

porta, −ae, (n.) f. 문, 입구

portĭcŭs, −ūs, (n.) f. 회랑, 현관, 성당 입구

porto, as, āvi, ātum, āre, 1 tr. (v.) 옮기다, 운반하다, (의미를) 지니다

portŭs, −ūs, (n.) m, 항구, 관세, 피난처

possĭděo, es, sēdi, sessum, ēre, 2 tr. (v.) 소유하다, 차지하다, 가지다

possum, pŏtes, pŏtŭi, posse, anom. intr. (v.) 할 수 있다

post, (adv.) ~후에, ~뒤에; (praep.) (+acc.) 뒤에, 나중에, (순서, 서열 등) 다음으로

postpōno, is, pŏsŭi, pŏsĭtum, ěre, 3 tr. (v.) ~보다 못하게 여기다, 제쳐놓다, 경시하다

postrēmō, (adv.) 마지막으로, 끝으로

postrīdĭě, (adv.) 다음 날에, 그 이튿날에

postŭlo, as, āvi, ātum, āre, 1 tr. (v.) 요구하다, 부탁하다

pŏtens, −entis, (adj.) 유능한, 능한; (n.) m. 세력가, 부자, 주인, 지배자

pŏtentĭa, −ae, (n.) f. 힘, 잠재력, 능력, 가능성

pŏtestās, −ātis, (n.) f. 권리, 권한, 능력

pōtĭo, potiōnis, (n.) f. 음료, 독약, 마약

pŏtĭor, īris, ītus sum, īri, 4 dep. intr. et tr. (v.) 차지(소유, 정복, 점령)하다, 도달하다

pŏtis, pŏtĕ, (adj.) 할 수 있는, 능한

pŏtĭŭs, (adv.) 차라리, 오히려

prae, (praep.) (+abl.) 앞에서, 앞으로, (이유) 때문에, (비교) 보다, 비해서; (adv.) 먼저

praebĕo, es, bŭi, bĭtum, ēre, 2 tr. (v.) 주다, 공급하다, 베풀다; praebĕo sē sŭperbum 교만하게 행동하다

praecēdo, īs, cessī, cessum, ĕre, 3 tr. et intr. (v.) 우월하다(선행하다)

praeceptŏr, −ōris, (n.) m. 교사, 스승, 선생(남자)

praeceptrix, −īcis, (n.) f. 교사, 스승, 선생(여자)

praeceptum, −i, (n.) n. 훈계, 명령, 가르침, 규칙

praecīdo, is, cīdi, cīsum, ĕre, 3 tr. (v.) 자르다, 잘라 내다, 부인하다, 거절하다

praecĭpĭo, is, cēpi, ceptum, ĕre, 3 tr. (v.) 먼저 잡다, 앞질러 가다, 예견하다, 명령하다, 가르치다

praeclārē, (adv.) 훌륭하게, 참 잘, 썩 잘

praeclārus, −a, −um, (adj.) 화려한, 고귀한, 찬란한, 대단히 유명한

praeda, −ae, (n.) f. 노획물, 전리품, 습득물, 이익, 이득

praedĭco, as, āvi, ātum, āre, 1 tr. (v.) 외치다, 공표하다, 자랑하다, 칭찬하다

praedīco, is, dixi, dictum, ĕre, 3 tr. (v.) 예언하다, 예상하다, 정하다

praedĭtus, −a, −um, (adj.) 구비한

praefectus, −i, (n.) m. 감독, 장(長)

praefĕro, praefers, praetŭli, praelātum, praeferre, tr. anom. (v.) 앞에 놓다, 더 좋아하다

praeiūdĭcĭum, −ĭi, (n.) n. 선입견, 편견

praemitto, is, mīsi, missum, ĕre, 3 tr. (v.) 먼저 보내다, 미리 보내다, 전제하다

praemĭum, −ĭi, (n.) n. 노획물, 보수, 상, 상급, 토지, 농장

praepăro, as, āvi, ātum, āre, 1 tr. (v.) 준비하다, 태세를 갖추다

praepōno, is, pŏsŭi, pŏsĭtum, ĕre, 3 tr. (v.) 앞에 놓다, 더 좋아하다, 더 중히 여기다

praesēpĕ, −is, (n.) n. 구유, 헛간

praesertim, (adv.) 특히, 무엇보다도

praesĭdĭum, −ĭi, (n.) n. 보호, 호위, 경호, 경호인, 위수병

praestans, −antis, (adj.) 뛰어난, 탁월한

praesto, as, stĭti, stĭtum, āre, 1 intr. et tr. (v.) 뛰어나다

praesum, es, fŭi, esse, intr. anom. (v.) (+dat.) 지휘하다, 감독하다

praetĕr, (praep.) 옆을 지나서, 옆을 따라서, 외에, 보다 더, 넘어서

praetĕrĕo, is, ĭi(īvi), ĭtum, īre, intr. et tr. anom. (v.) 지나가다, 통과하다

praetĕrĭtus, −a, −um, (praetereo 동사의 과거분사) 지나간, 과거의

praetermitto, is, mīsi, missum, ĕre, 3 tr. (v.) 지나쳐 가다, 소홀히 하다, 등한히 하다, 묵인하다

praetūra, −ae, (n.) f. 법무관 직

prāvus, −a, −um, (adj.) 비뚤어진, 나쁜, 악한, 못된

prĕtĭōsus, −a, −um, (adj.) 비싼, 값진, 귀중한, 사치하는, 낭비하는

prĕtĭum, −ĭi, (n.) n. 값, 가격, 상, 보수

prīdem, (adv.) 이전에, 며칠 전

prīdĭē, (adv.) 전날에, 하루 전에

prīmāni, −ōrum, (n.) m. pl. 제1학년생, 제1군단의

prīmō, (adv.) 처음에, 최초로

prīmum, (adv.) 처음으로, 첫째로

prīmus, −a, −um, (adj.) 첫째, 첫 번째의

princeps, −cĭpis, (n.) m. 군주, 으뜸, 지도자, 주동자

princeps, −cĭpis, (adj.) 으뜸가는, 군주의

princĭpālis, −e, (adj.) 중요한, 주요한

princĭpĭum, −ĭi, (n.) n. 시작, 처음, 원칙, 원리, 법칙

prĭŏr, prĭŭs, (adj.) 먼저의, 지난날의, 앞의; 더 나은, 더 뛰어난, 우선적인

prīro, as, āvi, ātum, āre, 1 tr. (v.) 빼앗다, 박탈하다

pristĭnus, −a, −um, (adj.) 이전의, 옛, 오래된

prĭŭs, (adv.) 먼저, 일찍이, 예전에

prĭusquam, (conj.) ~하기 전에

prīvātim, (adv.) 개인적으로, 사사로이, 특별히

prīvātus, −a, −um, (adj.) 박탈당한, 사사로운, 개인의

prō, (praep.) (+abl.) 앞에, (목적) 위하여, 대신에, (이유) 따라서, (비교) 비해서

prŏblēma, −ătis, (n.) n. 문제, 과제, 의문

prŏbo, as, āvi, ātum, āre, 1 tr. (v.) 시험하다, 인정하다, 증명하다, 입증하다, 믿게 하다

prōcrĕo, as, āvi, ātum, āre, 1 tr. (v.) 낳다

prŏcul, (adv.) 멀리, 떨어져

prōcurro, is, curri(cŭcurri), cursum, ĕre, 3 intr. (v.) 앞으로 달리다, 전진하다

prōdĭtĭo, −ōnis, (n.) f. 누설, 반역, 배신

prōdĭtŏr, −ōris, (n.) m. 매국노, 반역자, 밀고자

prōdo, is, dĭdi, dĭtum, ĕre, 3 tr. (v.) 보이다, 공표하다, 발표하다

proelĭum, −ĭi, (n.) n. 전쟁, 전투

prŏfectĭo, −ōnis, (n.) f. 출발

prŏfectō, (adv.) 확실히, 의심 없이, 물론

prŏfĭciscor, ĕris, fectus sum, ficisci, 3 dep. intr. (v.) 출발하다, 떠나다

prŏfĭtĕor, ēris, fessus sum, ēri, 2 dep. tr. (v.) 공언하다, 고백하다, 서원하다

prŏflīgo, as, āvi, ātum, āre, 1 tr. (v.) 격파하다, 무찌르다, 망치다, 파괴하다, 결론짓다

prŏfŭgus, −a, −um, (adj.) 도망하는, 도피하는; (n.) m./f. 추방당한 사람, 유배자

prŏfundo, is, fūdi, fūsum, ere, 3 tr. (v.) 쏟아 버리다, 발산시키다, 기울이다

prŏfundus, −a, −um, (adj.) 깊은, 깊숙한, 심오한

programma, −atis, (n.) n. 목록, 계획

prōgrĕdĭor, ĕris, progressus sum, progrĕdi, 3 dep. intr. (v.) 전진하다, 나아가다

prŏhĭbĕo, es, hĭbŭi, hĭbĭtum, ēre, 2 tr. (v.) 금하다, 막다, 보호하다, 방어하다

prōĭcĭo, is, iēci, iectum, ĕre, 3 tr. (v.) 내던지다, 유기하다, 추방하다, 포기하다

prŏindĕ, (adv.) 그러므로, 그러니, ~와 마찬가지로

prōlēs, lis, (n.) f. 자손, 자녀, 열매

prōlŏquor, ĕris, lŏcūtus sum, lŏqui, 3 dep. intr. (v.) 표명하다

prōmĕrĕor, ēris, mĕrĭtus sum, ēri, 2 dep. tr. et intr. (v.) 받을 만하다, 얻다

prōmissum, −i, (n.) n. 약속, 계약

prŏpĕ, (praep.) (+acc.) ~옆에, 가까이; (adv.) 부근에, 가까이, 곁에

prŏpĕro, as, āvi, ātum, āre, 1 tr. et intr. (v.) 급히(서둘러) 가다

prŏpĭŭs, (adv.) 더 가까이(서)

prŏprĭum, ii, (n.) n. 특성, 특징

proptĕr, (praep. adv.) (+acc.) ~때문에, ~로 인하여, 가까이에, 옆에

prōsum, prōdes, profŭi, prōdesse, intr. anom. (v.) (+dat) 이롭다, 유익하다, 쓸모가 있다

prōtĭnŭs, (adv.) 곧, 즉시

prōvĭdĕo, es, vīdi, vīsum, ēre, 2 tr. et intr. (v.) 예측(예견)하다, 조심하다, 준비(장만)하다

prōvĭdus, −a, −um, (adj.) 예상하는, 앞을 내다보는, 신중한

prōvincĭa, −ae, (n.) f. (로마 통치하에 있던) 속주, (수도회의) 관구

proxĭmus, −a, −um, (adj.) 가장 가까운, 바로 이웃의, 친근한

prūdens, −entis, (adj.) 신중한, 현명한

prūdentĕr, (adv.) 현명하게, 신중하게

prūdentĭa, −ae, (n.) f. 현명, 지혜, 슬기, 신중

pūblĭcum, −i, (n.) n. 공유지, 공유재산, 광장, 공공장소

pūblĭcus, −a, −um, (adj.) 공공의, 국민의

pŭdĕt, pŭdŭit, pŭdĭtum, pudēre, 2 intr. et tr. impers. (v.) 부끄럽다, 부끄러워하다, 창피하다

pŭdŏr, −ōris, (n.) m. 부끄러움, 수치심

pŭella, −ae, (n.) f. 소녀, 젊은 여자

pŭĕr, pŭĕri, (n.) m. 소년, 젊은 남자

pŭĕrĭtĭa, −ae, (n.) f. 소년 시절

pŭgĭl, pŭgĭlis, (n.) m. 권투 선수

pugna, −ae, (n.) f. 싸움, 전투, 투쟁

pugno, as, āvi, ātum, āre, 1 intr. (v.) 싸우다, 전투하다, 토론하다, 논쟁하다

pulchĕr, −chra, −chrum, (adj.) 아름다운, 귀중한, 영광스러운, 용감한

pulchrĭtŭdo, −ĭnis, (n.) f. 아름다움, 미(美)

pullus, −a, −um, (adj.) 어두운, 거무스름한

pulso, as, āvi, ātum, āre, 1 tr. (v.) 두드리다, (위험을) 모면하다, 고소하다

pulvīnus, −i, (n.) m. 방석, 베개

pulvis, pulvĕris, (n.) m. (드물게 f.) 먼지

Pūnĭcus(Poenicus), −a, −um, (adj.) 페니키아인의, 카르타고 사람의(오늘날 레바논)

pūnĭo(poenĭo), is, īvi, ītum, īre, 4 tr. (v.) 벌하다, 벌주다, 징벌하다

puppis, −is, (n.) f. 선미(船尾)

purpŭra, −ae, (n.) f. 자색, 자색 옷, (황제, 고관, 고위 성직자의) 표시

pūrus, −a, −um, (adj.) 깨끗한

pŭtĕr, −tris, −tre, (adj.) 썩은, 악취 나는, 시든

pŭto, as, āvi, ātum, āre, 1 tr. (v.) 계산하다, 여기다, 생각하다

Q

quā, (adv.) 어디를 거쳐서(통과 지점), 어디로 해서, 어느 길로

quădrans, −antis, (n.) m. 4분의 1, (시간) 15분

quădrŭplex, quădrŭplĭcis, (adj.) 네 겹의, 사중의

quădrŭplum, −i, (n.) n. 4배

quaero, is, quaesīvi, quaesītum, ĕre, 3 tr. (v.) 구하다, 청하다, 묻다

quaeso, is, īvi(ĭi), ĕre, 3 tr. (v.) 구하다, 청하다; (정중한 부탁, 요청, 간구) 제발, 청컨대

quaestĭo, −ōnis, (n.) f. 질문, 문제, 논점

quaestŏr, −ōris, (n.) m. 검찰관

quālis, −e, (adj.) 어떠한, 어떻게 생긴; (pron.) 어떠한

quam, (adv.) 얼마나; quam prīmum 즉시, 될 수 있는 대로 빨리

quamdĭū, (adv). (관계부사) ~하는 동안, ~하는 한은; (의문부사) 얼마 동안

quamvīs, (adv. conj.) 아무리 ~할지라도

quandō, (adv.) 언제; (pron.) 언제

quanti, (adv.) (의문부사) 얼마나; (관계부사) ~한 만큼

quantō, (adv.) 얼마나, 얼마만큼

quantum, (adv.) (의문부사) 얼마나; (관계부사) ~한 만큼, ~값만큼

quantus, −a, −um, (adj.) 얼마나 큰, 얼마만큼

quārē, (adv.) (의문부사) 왜, 무슨 이유 때문에

quartāni, −ōrum, (n.) m. pl. 제4군단

quartānus, −a, −um, (adj.) 나흘마다의

quăsĭ, (conj.) ~인 것처럼, ~인 듯이, ~와 같이, 거의

quātrĭdŭum(quădrĭ−), −i, (n.) n. 나흘

−quĕ, (conj.) ~와(과), 그리고 또

quĕmadmŏdum, (adv.) 어떻게, 어떤 방법으로

quĕo, quis, quīvi, quĭtum, quīre, intr. anom. (v.) 할 수 있다

quercŭs, −ūs, (n.) f. 참나무

quĕrēl(l)a, −ae, (n.) f. 불평, 넋두리, 푸념, 동물의 울음소리

quĕror, ĕris, questus sum, quĕri, 3 dep. tr. et intr. (v.) 원망(한탄, 불평, 푸념)하다, 고소하다

quī, quae, quŏd (pron.) 누가, 무엇이, 그것

quĭă, (conj.) ~으로, ~하기 때문에

quid, (pron.) 무엇; (adv.) 왜, 무엇 때문에

quīdam, quaedam, quoddam (pron.) 어떤 (사람), 아무

quĭdem, (adv.) 정말로, 확실히

quidquid, (pron.) 무엇이든지, 얼마나 ~하던 간에

quĭēs, −ētis, (n.) f. 휴식, 고요함, 정계에서의 은퇴, 평온

quĭesco, is, quĭēvi, quĭētum, ĕre, 3 intr. (v.) 쉬다, 조용해지다

quĭētus, −a, −um, (adj.) 고요한, 조용한, 평화로운

quīlĭbĕt, quaelĭbĕt, quidlĭbĕt (pron.) 무엇이든지, 아무것이나

quīn, (adv.) (의문) 왜 (아니); (conj. subord.) ~하는 것을, ~하지 않을

quinquĕ, (adj. num. indecl.) (기수) 다섯(5)

quis, quid, (pron.) 누가, 누구, 무엇

quisnăm, (pron.) 도대체 누가

quispĭăm, (pron.) 어떤 사람, 혹자, 아주

quisquăm, quaequăm, quidquăm (pron.) 아무도 ~ (아니), 아무것도~ (아니)

quō, (adv.) (목적지, 방향) 어디로, 무슨 목적

으로

quōmŏdŏ, (adv.) 어떻게; (conj.) ~처럼

quondăm, (adv.) 이후로, 장차, 동시에, 이전에

quŏquĕ, (adv.) (역설하는 말 뒤에) ~도 또한,
~까지도

quŏt, (adj. indecl.) 몇, 얼마나, ~마다; quŏt A,
tŏt B A만큼, 그만큼 많은 B

quŏtannis(quŏt annis), (adv.) 해마다, 매년

quŏtēni, −ae, −a, (adj.) 몇 개씩, 각각 얼마나
많은

quŏtĭens(−ĭēs), (adv.) 몇 번이나, ~할 때마다

quŏtĭenscumquĕ, (adv.) (의문부사) 몇 번?; (상
관관계) ~할 때마다

quŏtus, −a, −um, (adj.) 몇 번째의, 얼마나 적은

quŏusquĕ, (adv.) (의문) 언제까지

R

răbĭēs, −ei, (제5변화 명사) f. 미침, 광란, 격분,
광견병

rāna, −ae, (n.) f. 개구리

răpax, rapācis, (adj.) 강탈하는, 욕심 많은

răpĭo, is, răpŭi, raptum, ĕre, 3 tr. (v.) 잡아채다,
납치하다, (무엇에) 빠지게 하다

raptim, (adv.) 신속히, 강탈하여

rārō, (adv.) 드물게

rārus, −a, −um, (adj.) 드문

rătĭo, −ōnis, (n.) f. 이성, 계산, 양식, 원칙

răvis, −is, (n.) f. 목이 쉼, 목이 잠김

rĕcĭpĭo, is, cēpi, ceptum, ĕre, 3 tr. (v.) 회복하다,
받아들이다, 철수하다, 맞아들이다, 떠맡다

rĕcordor, āris, ātus sum, āri, 1 dep. tr. et intr.
(v.) 기억하다, 회상하다, 추억하다

rectē, (adv.) (친한 사이의 동감, 찬성) 좋아! 잘
한다!

rectus, −a, −um, (adj.) 곧은, 옳은, 공정한

rĕcŭpĕro, as, āvi, ātum, āre, 1 tr. (v.) 다시 찾다,
회복하다

rĕcūso, as, āvi, ātum, āre, 1 tr. (v.) 거절하다,
기피하다, 항의하다

reddo, is, reddĭdi, dĭtum, ĕre, 3 tr. (v.) 되게
하다, 만들다, (편지, 명령 등을) 전해 주다

rĕdĕo, is, ĭi(īvi), ĭtum, ire, intr. anom. (v.) 돌아
가다, 돌아오다, 바로잡다, 회복하다

rĕdūco, is, duxi, ductum, ĕre, 3 tr. (v.) 데려오
다, 인솔하다

rĕfercĭo, īs, fersī, fertum, īre, 4 tr. (v.) 가득 채우
다, 가득 늘어놓다

rĕfĕro, rĕfers, rĕtuli(rettŭli), rĕlātum, rĕferre, tr.
anom. (v.) 도로 가져오다, 보고하다, 전하다,
관련시키다

rĕfertus, −a, −um, (adj.) 가득 찬

rĕfīcĭo, is, fēci, fectum, ĕre, 3 tr. (v.) 복구하다,
　재건하다, 쉬게 하다

rēgīna, −ae, (n.) f. 여왕

rĕgĭo, −ōnis, (n.) f. 장소, 공간, 지역, 지방, 경계,
　나라, 분야

regno, as, āvi, ātum, āre, 1 intr. et tr. (v.) 왕
　노릇하다, 군림하다, 통치하다, 지배하다

regnum, −i, (n.) n. 왕권, 왕국, 권력

rĕgo, is, rexi, rectum, regĕre, 3 tr. (v.) 다스리다,
　통치하다

rĕgrĕdĭor, ĕris, gressus sum, grĕdi, 3 dep. intr.
　(v.) 돌아오다, 철회하다

rĕlĭgĭo, −ōnis, (n.) f. 경건, 종교, 신성함

rĕlinquo, is, relīqui, relictum, ĕre, 3 tr. (v.) 떠나
　다, 남겨 놓다

rĕlĭquus, −a, −um, (adj.) 나머지의, 그 밖의, 남
　아 있는

rĕlucto, as, āvi, ātum, āre, 1 intr. (v.) 저항하다,
　(맞서) 싸우다

rĕmĕo, as, āvi, ātum, āre, 1 intr. et tr. (v.) 돌아
　가다

rĕmĭniscor, rĕmĭniscĕris, rĕmĭnisci, 3 dep. intr.
　et tr. (v.) 기억하다, 추억하다

rĕmitto, is, mīsi, missum, ĕre, 3 tr. (v.) 돌려보
　내다, 이혼하다, 석방하다, 늦추다

rĕmōtus, −a, −um, (adj.) 먼

rĕmŏvĕo, es, mōvi, mōtum, ēre, 2 tr. (v.) 그만
　두다, 제거하다, 해임하다

rēmus, −i, (n.) m. (배 젓는) 노

Rēmus, −i, (n.) m. 벨기에 거주 프랑스인

rĕnascor, ĕris, nātus sum, nasci, 3 dep. intr. (v.)
　다시 나다, 재생하다, 재출발하다, 부흥하다

rĕnŏvo, as, āvi, ātum, āre, 1 tr. (v.) 갱신하다,

새롭게 하다, 다시 시작하다, 재개(복구)하다

rĕor, rēris, rătus sum, rēri, 2 dep. tr. (v.) 생각하
　다, 믿다, 판단하다, 평가하다

rĕpentĕ, (adv.) 갑자기

rĕpentīnus, −a, −um, (adj.) 갑작스러운, 돌연한

rĕpĕrĭo, is, reppĕri(rĕpĕri), rĕpertum, īre, 4 tr.
　(v.) 찾다, 발견하다, 얻다, 깨닫다

rĕpĕto, is, pētīvi(pĕtĭi), pĕtītum, ĕre, 3 tr. (v.)
　반복하다

rĕpĕtundae, −ārum, (n.) f. pl. 직무상 부당 취득

rĕplĕo, es, plēvi, plētum, ēre, 2 tr. (v.) 가득 채우
　다, 충족시키다, 보충하다

rĕplētus, −a, −um, (adj.) 가득 찬

rĕpŭdio, as, āvi, ātum, āre, 1 tr. (v.) 거절(거부)
　하다, 물리치다, 이혼하다

rĕpugno, as, āvi, ātum, āre, 1 intr. (v.) 대적하
　다, 저항하다, 상반되다, 모순되다

rĕquīro, is, quīsīvi, quīsītum, ĕre, 3 tr. (v.) 찾다,
　묻다, 질문하다, 요구하다

rēs, rĕi, (n.) f. 일, 사물, 사실, 사태, 권력; rēs
　fămĭlĭāris 가산; rēs gestae 역사, 업적; rēs
　mīlĭtāris 군사, 전술, 병법; rēs pūblĭca 국가,
　공화국

rĕsisto, is, stĭti, ĕre, 3 intr. (v.) 저항하다, 반항
　하다

rĕsŏno, as, sŏnāvi(sŏnŭi), āre, 1 intr. et tr. (v.)
　울리다, 반향하다, 메아리치다

respondĕo, es, spondi, sponsum, ēre, 2 tr. et
　intr. (v.) 약속하다, 대답하다, (+dat., ad
　acc.) 부응하다, 만족시키다

responsĭo, −ōnis, (n.) f. 답변, 대답

responsum, −i, (n.) n. 대답, 신탁

restĭtŭo, is, stĭtŭi, stĭtūtum, ĕre, 3 tr. (v.) 교정하
　다, 돌려주다, 배상하다

resto, as, stĭti, āre, 1 intr. (v.) 머물다, 정지하다, 남아 있다

rētĕ, retis, (n.) n. 그물, 계략, 올가미

rětĭnĕo, es, tĭnŭi, tentum, ēre, 2 tr. (v.) 붙잡다, 가두다, 못하게 막다, 간직하다, 기억하고 있다, 보존하다

rĕus, rei, (n.) m. (남자) 죄인, 범인, 피고≠rĕa, ae (n.) f. (여자) 죄인, 피고

rēvērā, (adv.) 참으로, 진실로

rĕversĭo, −ōnis, (n.) f. 복귀

rĕverto, is, verti, versum, ĕre, 3 intr. (v.) 돌아가다

rĕvertor, ĕris, versus sum, verti, 3 dep. intr. (v.) 돌아오다, 복귀하다

rĕvŏco, as, āvi, ātum, āre, 1 tr. (v.) 다시 불러오다, 소환하다, (유배지에서) 돌아오게 하다

rĕvolvo, is, volvi, vŏlūtum, ĕre, 3 tr. (v.) 회전시키다, 돌리다, 휘말려들다, 생각하다

rex, rēgis, (n.) m. 왕, 임금

Rhēnus, −i, (n.) m. 라인 강

rhētŏrĭca, −ae, (n.) f. 웅변술, 수사학

rīdĕo, es, rīsi, rīsum, ēre, 2 (v.) intr. 웃다, 빛나다, 아름답다; tr. 웃다, 비웃다

rīdĭcŭlus, −a, −um, (adj.) 웃기는, 우스운, 익살스러운

rīsŭs, −ūs, (n.) m. 웃음; rīsūm tĕnēre 웃음을 참다

rītŭs, −ūs, (n.) m. 예절, 의식, 전례, 예식

rīvus, −i, (n.) m. 시내, 개울

rōbŭr(rōbŏr), robŏris, (n.) n. 견고, 굳음, 힘, 핵심

rŏgo, as, āvi, ātum, āre, 1 tr. (v.) 묻다, 청하다, 부탁하다

Rōma, −ae, (n.) f. 로마

Rōmānus, −i, (n.) m. 로마인

rōrat, rorāvit, rorāre, impers. (v.) 이슬 내리다

rōs, rōris, (n.) m. 이슬, 액체

rŏsa, −ae, (n.) f. 장미

rosmărīnus, rōrismărīni, (n.) m. 로즈마리(= rosmărīnum, rōrismărīni [n.] n.)

rŭgītŭs, −ūs, (n.) m. 포효

rūmŏr, −ōris, (n.) m. 소란한 소리, 소문, 평판

rŭo, ruis, rūi, rŭtum, (part. fut.) rŭĭtūrus, ĕre, 3 (v.) intr. 돌진하다, 무너지다; tr. 무너뜨리다

rursŭm(rursŭs), (adv.) 결국

S

săcĕr, cra, crum, (adj.) 거룩한, 신성한, 신에게 바친

săcerdōs, -dōtis, (n.) m./f. 신관, 사제(여사제), 신부

săcrum, -i, (n.) n. 신전, 성물, 종교 예식, 예배

saepĕ, (adv.) 종종, 가끔

saepĭo, īs, saepsī, saeptum, īre, 4 tr. (v.) 둘러 막다

saevĭtĭa, -ae, (n.) f. 잔인, 잔혹

saevus, -a, -um, (adj.) 사나운, 무자비한

săgitta, -ae, (n.) f. 화살, (의학) 의료용 칼(랜싯)

sāl, sălis, (n.) m./n. 소금, 바닷물, 맛, 묘미, 풍자

sales, salum, (n.) m. 익살, 재담

salto, as, āvi, ātum, āre, 1 intr. et tr. (v.) 춤추다

sălūbĕr, sălūbris, sălūbre (adj.) 건강에 좋은, 유익한

sălūs, sălūtis, (n.) f. 건강, 안녕, 안전, 구원, 유익

salvĕo, es, ēre, 2 intr. def. (v.) 잘 있다, 안녕하다

salvus, -a, -um, (adj.) 건강한, 무사한, 살아 있는, 구원된, 잘 있는

Samnītes, -īum, (n.) m. pl. 삼니움족(이탈리아 중남부에 걸쳐 거주하던 오스크어계 민족)

sancĭo, is, sanxi(sancĭi), sanctum(sancītum), sancīre, 4 tr. (v.) 제정하다, (법으로) 결정하다

sancta, -ae, (n.) f. 성녀

sanctus, -a, -um, (adj.) 성스러운

sanctus, -i, (n.) m. sg. 성인(聖人); pl. 성인들

sānē, (adv.) 확실히, 물론

sanguĭs, sanguĭnis, (n.) m. 피

sānĭtās, -ātis, (n.) f. 건강, 건전

sāno, as, āvi, ātum, āre, 1 tr. (v.) (상처, 병 등을) 낫게 하다

săpĭens, sapientis, (adj.) 지혜로운, 슬기로운, 현명한; (n.) m. 현명한 사람

săpĭentĕr, (adv.) 현명하게

săpĭentĭa, -ae, (n.) f. 지혜

săpĭo, is, săpĭi(sapīvi), ĕre, 3 intr. et tr. (v.) 알다, 깨닫다, 이해하다

Sardĭnĭa, -ae, (n.) f. 사르데냐 섬(이탈리아 반도 서쪽 해상에 위치해 있는 섬)

sătĭs, (adv.) 충분히

sătisfăcĭo(sătis făcio), is, fēci, factum, ĕre, 3 intr. (v.) 만족(충족)시키다(만족을 주다), 사과(사죄)하다, 변제하다, 배상하다

sătisfactĭo, -ōnis, (n.) f. 만족, 담보 제공, 보상, 보속

sătŭr, -ŭra, -ŭrum, (adj.) 배부른, 포만한, 만족한

Sāturnus, -i, (n.) m. 토성(Saturnia stella)

saxum, -i, (n.) n. 돌, 바위, 돌덩이

scărăbaeus(scarabeus), -i, (n.) m. 풍뎅이

scĕlĕrātus, -a, -um, (adj.) 흉악한, 끔찍한, 불행한

scĕlŭs, scĕlĕris, (n.) n. 흉악한 범죄, 죄악

schŏla, -ae, (n.) f. 학교

scīlĭcĕt, (adv.) 확실히, 즉, 당연히

scintilla, -ae, (n.) f. 불꽃, 불씨, 싹수, 자손

scĭo, is, scīvi, scītum, scīre, 4 tr. (v.) 알다, ~에 정통하다

scrībo, is, scripsi, scriptum, ĕre, 3 tr. (v.) 쓰다, 작성하다

scriptŏr, -ōris, (n.) m. 서기, 저술가, 역사가

scriptum, -i, (n.) n. 기록, 문서, 서적

sē hăbĕo, (v.) 지내다, 건강이 어떻다(좋다, 나쁘다)

sēcerno, īs, cēvī, crētum, ĕre, 3 tr. (v.) 선별하다, 구별하다

sēcessĭo, -ōnis, (n.) f. 물러남, 봉기, 반란, 분열

sēcrētō, (adv.) 몰래

sector, āris, ātus sum, āri, 1 dep. tr. (v.) 따라다
    니다, 추구하다, 열망하다

sēcum(cum se), (adv.) 자기와 함께, 스스로, 혼
    자서

sēcundanus, -i, (n.) m. 제2학년생

sēcundō, (adv.) 둘째로, 그다음

sēcundum, (praep. adv.) 따라서, 옆에서, 동시
    에, 곧, 따라, 대로, 편에(유리하게), 다음에

sēcundus, -a, -um, (adj.) 둘째, 두 번째

sēcūris, -is, (n.) f. 도끼

sēdĕo, es, sēdi, sessum, ēre, 2 intr. (v.) 앉다,
    머무르다, 거주하다

sēdēs, sedis, (n.) f. 좌석, 거처, 옥좌

sēdĭtĭo, -ōnis, (n.) f. 반란, 폭동, 소요

sĕgĕs, sĕgĕtis, (n.) f. 곡식, 경작지, 다수

sēiungo, is, iunxi, iunctum, ĕre, 3 tr. (v.) 분리시
    키다, 분간하다, 구별하다, 이탈하다

sĕmĕl, (adv.) 한 번, 일회, 단 한 번

sēmĕn, sēmĭnis, (n.) n. 씨, 씨앗, 정자, 원인

sēmentis, -is, (n.) f. (acc. sementim 또는
    sementem) 씨 뿌림, 파종

sēmestris, -e, (adj.) 6개월간의, 반년의

sempĕr, (adv.) 언제나, 늘

sĕnātŭs, -ūs, (n.) m. 원로원, 의회

sĕnectūs, sĕnectūtis, (n.) f. 노인, 노년기, 원숙함

sĕnex, sĕnis, (adj.) 늙은, 나이 많은; (n.) m./f.
    늙은이

sensŭs, -ūs, (n.) m. 감각, 의미, 뜻

sententĭa, -ae, (n.) f. 생각, 의견, 판결, 선고

sentĭo, is, sensi, sensum, īre, 4 tr. (v.) 듣다, 느
    끼다, 판단하다, 결정하다

sēpărātim, (adv.) 따로, 개별적으로, 각각

sēpăro, as, āvi, ātum, āre, 1 tr. (v.) 갈라놓다,
분리하다

sĕpĕlĭo, is, pĕlīvi(pĕlĭi), pultum, īre, 4 tr. (v.)
    묻다, 매장하다

sĕpulcrum, -i, (n.) n. 무덤, 묘지

sĕquor, ĕris, sĕcūtus sum, sĕqui, 3 dep. tr. et
    intr. (v.) 따르다, 뒤따르다

Sĕrāpĭōn, -ōnis, (n.) m. 세라피온(그리스 이름)

sĕrēnus, -a, -um, (adj.) 맑은, 청명한, 잔잔한

sĕrĭēs, -ei, (n.) f. 차례, 계열

sĕrĭus, (adv.) 더 늦게, 너무 늦게

sermo, -ōnis, (n.) m. 말, 이야기, 논설

sērō, (adv.) 저녁때에, 늦게

serpens, -entis, (n.) m./f. 뱀, 간악한 사람

serpo, is, serpsi, serptum, ĕre, 3 intr. (v.) 기다,
    뻗어 나가다, 감기어 올라가다, 만연하다

servĭo, is, īvi(ĭi), ītum, īre, 4 intr. (v.) 시중들다,
    섬기다, 유용하다, 쓸모가 있다

servĭtūs, -ūtis, (n.) f. 노예제도, 노예 신분

servo, as, āvi, ātum, āre, 1 tr. (v.) 보호하다,
    구하다, 지키다, 보존하다

servus, -i, (n.) m. 종

sestertĭus, -ĭi, (n) m. 세스테르티우스(은화, 동
    화의 화폐 단위 명)

sĕvērĭtās, -ātis, (n.) f. 엄격, 엄중

sī, (conj.) 만일

sībĭlo, as, āvi, ātum, āre, 1 tr. et intr. (v.) 휘파람
    불다, 야유하다

sīc(ĭtă), (adv.) 그렇게

sīdŭs, -dĕris, (n.) n. 별, 성좌, 찬미, 기후

signĭfĭco, as, āvi, ātum, āre, 1 tr. (v.) 드러내다,
    알리다, 의미하다, (이름을) 부르다

signum, -i, (n.) n. 표지, 표징, 신호, 징표, 군기

sĭlentĭum, -ĭi, (n.) n. 조용함, 정숙, 침묵, 휴식,
    정지

silva, −ae, (n.) f. 숲

silvestĕr, silvestris, silvestre, (adj.) 숲의, 야생의

sĭmĭlis, −e, (adj.) 비슷한, 닮은

sĭmĭlĭtĕr, (adv.) ~과 같이

sĭmĭlĭtūdo, sĭmĭlĭtūdĭnis, (n.) f. 비슷함, 닮음, 유사(類似), 유추, 모습, 모상

simplex, simplĭcis, (adj.) 한 겹의, 단순한

sĭmŭl, (adv.) 동시에; (praep.) 와 함께; (conj.) 하자마자

Sīna, −ae, (n.) f. 중국; m. 시나이 산[구약성경의 탈출기(출애굽기)에 나오는 산]

sĭnĕ, (praep.) (+abl.) ~없이

singŭlāris, −e, (adj.) 단 하나의, 개별적인, 혼자 의; 뛰어난, 훌륭한, 지독한, 엄청난

singŭlātim, (adv.) 하나씩

singŭli, −ae, −a, (adj.) 하나씩, 한 개, 한 번

singŭlus, −a, −um, (adj.) 단일의

Sinicus, −a, −um, (adj.) 중국의, 중국인의

sĭnŭs, −ūs, (n.) m. 만곡(彎曲), 옷, 가슴, 옆구리, 한복판, 중심부

sĭtis, −is, (n.) f. 목마름, 갈증, 가뭄

sĭtus, −a, −um, (adj.) 위치한, 놓여 있는, 의존하는

sōbrĭus, −a, −um, (adj.) 절주하는, 정숙한, 제정신의, 침착한

sŏcĕr, sŏcĕri, (n.) m. 장인, 시아버지

sŏcĭĕtās, −ātis, (n.) f. 사회, 유대, 참여

sŏcĭus, −a, −um, (adj.) 같이하는, 동무의, 공동의

sŏcrŭs, −ūs, (n.) f. 시어머니

sōl, sōlis, (n.) m. 태양, 해

sŏlĕo, es, sŏlĭtus sum, ēre, 2 semidep. intr. (v.) 늘 ~하다, ~하는 경향(습관, 버릇)이 있다

sollĭcĭtē, (adv.) 간절히

sollĭcĭtus, −a, −um, (adj.) 걱정하는

sōlus, −a, −um, (adj.) 혼자서, 다만, 오직, 유일한

solvo, is, solvi, sŏlūtum, ere, 3 tr. (v.) 풀다, 해방하다, 해결하다, 지불하다

somnĭo, as, āvi, ātum, āre, 1 intr. et tr. (v.) 꿈꾸다, 꿈에 보다, 공상하다

somnĭum, −ĭi, (n.) n. 꿈, 공상

somnus, −i, (n.) m. 잠; somnum căpĕre 잠들다

sŏnus, −i, (n.) m. 소리, 음향, 말소리

sors, sortis, (n.) f. 운명

sortĭor, īris, ītus sum, īri, 4 dep. intr. et tr. (v.) 추첨하다, 분배하다

sospĕs, sospĭtis, (adj.) 무사한, 안전한

Spartĭātēs, −ae, (n.) m. 스파르타의 백성

spătĭum, −ĭi, (n.) n. 공간, 간격, 사이, 거리, 동안

spĕcĭēs, −ēi, (n.) f. 외관, 종(種)

spĕcŭs, −ūs, (n.) m. 동굴, 굴

spēs, spĕi, (n.) f. 희망

spīrĭtŭs, −ūs, (n.) m. 바람, 숨, 공기, 마음, 영혼; spīrĭtūm dūco 숨을 쉬다, 살다

spŏlĭa, −ōrum, (n.) n. pl. 전리품, 노략물

spŏlĭo, as, āvi, ātum, āre, 1 tr. (v.) 약탈하다

spondĕo, es, spŏpondi, sponsum, ēre, 2 intr. et tr. (v.) 약속하다, 약혼하다, 서약하다

spontĕ, (adv.) 자발적으로, 자진해서

stăbĭlis, −e, (adj.) 안정된, 변함없는

stăbĭlĭtās, −tātis, (n.) f. 견고, 안정, 영속, 고정

stădĭum, −ĭi, (n.) n. 경기장(고대 그리스 올림피아 경기장의 길이를 나타내는 말에서 유래함. Stadium은 185m임)

stătim, (adv.) 즉시, 당장, 흔들림 없이, 규칙적으로

stătŭo, is, stătŭi, stătūtum, ĕre, 3 tr. (v.) 정하다, 결정하다

stătūra, −ae, (n.) f. 신장, 키

stella, −ae, (n.) f. 별

sterno, īs, strāvi, strātum, ĕre, 3 tr. (v.) 눕히다, 쓰러뜨리다, 덮다

sto, as, stĕti, stătum, stāre, 1 intr. (v.) (꿋꿋이) 서 있다, 있다, 제자리를 지키다, 충실하다

Stōĭci, −ōrum, (n.) m. pl. 스토아학파 사람들 (아리스토텔레스 이후 그리스 로마 학파 중 하나)

strēnŭē, (adv.) 용맹하게, 끈질기게

strēnŭus, −a, −um, (adj.) 용감한, 끈질긴, 튼튼한

stŭdĕo, es, stŭdŭi, −, studēre, 2 intr. (v.) 공부하다, 연구하다, 힘쓰다

stŭdĭōsē, (adv.) 부지런히, 근면히, 힘써

stŭdĭum, −ĭi, (n.) n. 학업, 공부, 학문, 노력

stultĭtĭa, −ae, (n.) f. 어리석음, 미련함

stultus, −a, −um, (adj.) 어리석은, 미련한

suādĕo, es, suāsi, suāsum, ēre, 2 (v.) intr. (+ dat. 사람) 충고하다, 설득하다; tr. (+acc. 사물) 권고하다, 추천하다

suāvis, −e, (adj.) 부드러운, 감미로운, 사랑스러운

sŭb, (praep.) (+abl.) 아래, 밑에, 때에; (+acc.) ~ 밑으로, ~ 속으로, ~ 쪽으로, ~ 때에

sŭbĕo, is, ĭi, ĭtum, īre, tr. et intr. anom. (v.) 감당하다, 겪다, 무릅쓰다, (의학) 맥박이 떨어지다

sŭbĭgo, is, ēgi, actum, ĕre, 3 tr. (v.) 정복하다

sŭbĭtō, (adv.) 즉시, 갑자기

sublĭcĭus, −a, −um, (adj.) 각목(말뚝)으로 된(이루어진)

subsĭdĭum, −ĭi, (n.) n. 구원병, 도움, 피난처

subsum, es, subfŭi(fŭi sub), sŭbesse, intr. anom. (v.) 밑에 있다, 숨어 있다

subtractĭo, −ōnis, (n.) f. 뺄셈

subvĕnĭo, is, vēni, ventum, īre, 4 intr. (v.) (+ dat.) 도우러 오다, 돕다, 구조하다, 치료하다, (일이) 일어나다

succensĕo(suscenseo), es, censŭi, censum, ēre, 2 intr. (v.) 화나다, 신경질 나다, 염증이 생기다

succumbo, is, cŭbŭi, cŭbĭtum, ĕre, 3 intr. (v.) 굴복하다, 항복하다

sūdŏr, −ōnīs, (n.) m. 땀, 힘든 일

sŭi, suōrum, (n.) m. pl. 자기 사람, 부하, 식구, 자기 나라 사람들

summa, −ae, (n.) f. 덧셈, 합, 전체

summus, −a, −um, (adj.) 가장 높은, 가장 큰, 극단의

sūmo, is, sumpsi, sumptum, ĕre, 3 tr. (v.) 가지다, 취하다, (힘, 노력) 쓰다

sumptŭs, −ūs, (n.) m. 소비, 비용

sŭpĕr, (praep.) (+acc.) ~ 위에, 너머로, 동안에, ~ 중에, ~ 이상으로, (첨가) ~에 겸해서, 즈음에; (+abl.) 대하여, 관하여

sŭperbĭa, −ae, (n.) f. 교만

Sŭpĕri, −ōrum, (n.) m. pl. 천국, 천상 신들

sŭpĕro, as, āvi, ātum, āre, 1 (v.) intr. 앞지르다, 능가하다, 살아남다; tr. 뛰어넘다, 건너다, 극복하다, 이기다

sŭperstes, sŭperstĭtis, (adj.) 남아 있는, 살아남은

sŭperstĭtĭo, −ōnis, (n.) f. 미신

sŭpersum, es, sŭperfŭi, superesse, anom. intr. (v.) 살아남다, 남아 있다

suppĕtĭae, −ārum, (n.) f. pl. 도움, 증원, 원군, 원조

supplex, supplĭcis, (adj.) 간청하는, 애원하는

sŭprā, (adv.) 위에, 더, ~보다 더; (praep.) 보다

위에, 더 위로, 이전에, 넘어서

suscĭpĭo, is, cēpi, ceptum, ĕre, 3 tr. (v.) 환영하
다, 받다, 인정하다, (의식을) 행하다

suspĭcĭo, −ōnis, (n.) f. 의심, 의혹

suspĭcor, āris, ātus sum, āri, 1 dep. tr. (v.) 의심
하다, ~라는 생각을 가지다

sustento, as, āvi, ātum, āre, 1 tr. (v.) 지탱(유지)
하다, 부양하다

sustĭnĕo, es, tĭnŭi, tentum, ēre, 2 tr. (v.) 유지하
다, 견디다, 보호하다, 저항하다

sustollo, is, sustuli, sublatum, ĕre, 3 tr. (v.) 폐기
하다, 없애다

synaxis, −is, (n.) f. 회합, 집회, 잔치

syntaxis, −is, (n.) f. 문장론

Syrācūsae, −ārum, (n.) f. pl. (시칠리아에 있는
지명) 시라쿠사

T

tăbellārĭus, −a, −um, (adj.) 서찰의, 편지와 관계
있는

tăbellārĭus, −ĭi, (n.) m. 통보관, 집배원

tăcĕo, es, tăcŭi, tăcĭtum, ēre, 2 (v.) intr. 말하지
않다; tr. 침묵하다, 조용히 있다

tăcĭtus, −a, −um, (adj.) 말없는, 침묵하는, 암시
적, 비밀의

tactŭs, −ūs, (n.) m. 촉각, 영향력

taedet, taesum est(taedŭit), taedēre, 2 impers.
(v.) 싫증나다, 권태를 느끼다, 괴롭다

taetĕr, taetra, taetrum, (adj.) 흉한, 끔찍한, 혐오
를 일으키는

tălentum, −i, (n.) n. 금화, 화폐단위(60 Mina)

tam, (adv.) 이와 같이, 이처럼

tamdĭu, (adv.) 아주 오랫동안

tămĕn, (adv.) 그러나, 비록 ~하더라도

tămetsi, (conj.) 비록 ~하더라도

tamquam(tanquam), (adv.) 마찬가지로, 같이;
(conj.) 마치 ~한 것처럼

tandem, (adv.) 결국, 마침내, (의문문 속에) 결
국, 도대체

tango, is, tĕtĭgi, tactum, ĕre, 3 tr. (v.) 접촉하다,
만지다, 취급하다, 논하다

tanti, (adv.) 매우, 대단히; tanti quanti ~한 만
큼 그만큼의 값

tantum, (adv.) 그만큼, 매우, 다만; tantum A
quantum B B하는 만큼 A하다

tantundem, (adv.) ~과 같이, 마찬가지로

tantus, −a, −um, (adj.) 이렇게 큰

tardus, −a, −um, (adj.) 늦은, 느린

taurus, −i, (n.) m. 황소, 황소자리

tectum, −i, (n.) n. 지붕, 소굴

tēlum, −i, (n.) n. 창, 칼, 투창, (의학) 늑막염

tĕmĕrĭtās, −ātis, (n.) f. 우연, 무모, 경솔, 무분별

tempĕrantĭa, −ae, (n.) f. 절제, 절도, 극기, 자제

tempĕro, as, āvi, ātum, āre, 1 (v.) tr. 배합하다, 조직하다, 조절하다; intr. 참다, 절제하다, 조심하다

tempestās, −ātis, (n.) f. 폭풍우, 기후, 계절, 동요, 소란

templum, −i, (n.) n. 성전(聖殿), 신전, 재판소

tempŭs, tempŏris, (n.) n. 때, 시기, 시대

tĕnĕo, es, tĕnŭi, tentum, tĕnĕre, 2 tr. et intr. (v.) 붙잡다, 소유하다, 유지하다, ~하지 못하게 하다

tĕnĕr, −ĕra, −ĕrum, (adj.) 부드러운, 여린, 섬세한

tĕnŭs, (praep.) (후치사) ~까지

tĕr, (adv. num.) 세 번

tergum, −i, (n.) n. 등, 뒤, 배후, 어깨

terra, −ae, (n.) f. 땅, 지구, 나라

terraemōtŭs, −ūs, (n.) m. 지진

terrĕo, es, terrŭi, terrĭtum, ēre, 2 tr. (v.) 위협하다, 놀라게 하다, 도망치게 하다, 방해하다

terrestĕr, terrestris, terrestre, (adj.) 지상의, 땅의, 육지의

terrĭbĭlis, −e, (adj.) 무시무시한, 무서운

terrŏr, −ōris, (n.) m. 공포, 전율, 불안

tertĭānus, −i, (n.) m. 제3학년생

tertĭō(tertĭum), (adv.) 셋째로, 세 번째로

testāmentum(testamen), −i, (n.) n. 유언, 증언, 계약

testis, −is, (n.) m./f. 증인, 목격자; m. 고환

thĕātrum, −i, (n.) n. 극장, 무대

Thēbae, −ārum, (n.) f. pl. 테베(그리스 브이오티아 지방에 있던 고대 도시국가)

thĕma, −mătis, (n.) n. 제목, 주제

thermae, −ārum, (n.) f. pl. 온천

thēsaurus, −i, (n.) m. 보물, 국고, 금고

thēsis, −is, (n.) f. 명제, 제목, 논문

Tĭbĕris, −is, (n.) m. 테베레 강(이탈리아 로마를 관통하는 강)

Tĭgris, ĭdis(−is), (n.) m. 티그리스 강(소아시아 메소포타미아를 흐르는 강)

tĭmĕo, es, tĭmŭi, −, ēre, 2 tr. et intr. (v.) 무서워하다, 두려워하다, 놀라다

tĭmĭdus, −a, −um, (adj.) 겁내는, 무서워하는, 수줍은

tŏga, −ae, (n.) f. (고대 로마 시민이 입던) 겉옷; tŏga pulla 상복

tŏlĕro, as, āvi, ātum, āre, 1 tr. (v.) 인내하다, 참다, 이기다, 유지하다

tollo, is, sustŭli, sublātum, ĕre, 3 tr. (v.) 들어 올리다, 폐기하다, 없애다, 참아 받다

tŏnat, tŏnŭit, tonāre, impers. (v.) 천둥 치다

tondĕo, es, tŏtondi, tonsum, ēre, 2 tr. (v.) 면도하다, 이발하다

tonsŏr, −ōris, (n.) m. 이발사, 미용사, 정원사

tonsōrĭus, −a, −um, (adj.) 이발용의

tormentum, −i, (n.) n. 대포, 투석기, 형벌, 고문

torquĕo, es, torsi, tortum, ēre, 2 tr. (v.) 괴롭히다, 고문하다

torrens, −entis, (n.) m. 급류, 쏟아져 나오는 사람들(말); (adj.) 찌는 듯한, 급류의, 격렬한, 쏟아지는

tŏt, (adj.) 그렇게 많은, 허다한

tŏtĭens(−ĭēs), (adv.) 매우 자주

tōtus, −a, −um, (adj.) 온, 전(全), 모든

trabs, trăbis, (n.) f. 대들보, 통나무 집

tracto, as, āvi, ātum, āre, 1 tr. et intr. (v.) 취급하다, 다루다, 검토하다

trādo, is, trādĭdi, trādĭtum, ĕre, 3 tr. (v.) 넘겨주

다, 인도하다, 가르치다

trādūco, īs, duxi, ductum, ĕre, 3 tr. (v.) 지나가게 하다

trăho, is, traxi, tractum, ĕre, 3 tr. (v.) 이끌다, 끌고 가다

trāmĕs, −ĭtis, (n.) m. 지름길

tranquillus, −a, −um, (adj.) 고요한, 평온한, 평안한

trans, (praep.) 건너서, 넘어서, 지나서(주로 산, 강, 바다, 언덕, 절벽)

transĕo, is, ĭi(īvi), ĭtum, īre, (v.) intr. 건너가다, 지나가다; tr. 넘어가다, 통과하다, 시간을 보내다

transfŭga, −ae, (n.) f. 탈주병, 투항자

transĭtŭs, −ūs, (n.) m. 넘어감, 지나감, 통과

transmĭtto, īs, mīsi, missum, ĕre, 3 tr. (v.) 파견하다

trĕpĭdo, as, āvi, ātum, āre, 1 intr. et tr. (v.) 동요하다, 무서워하다, 서둘다

trēs, trēs, trĭa, (adj. num.) 셋(3)

trĭbūnăl, ālis, (n.) n. 법원, 법정

trĭbūnus, −i, (n.) m. 로마 3대 종족의 장, 3명의 호민관

trĭbŭo, is, trĭbŭi, trĭbūtum, ĕre, 3 tr. (v.) 분배하다, 나누다, 시간을 바치다, 양보하다

trĭbŭs, −ūs, (n.) f. 씨족, 지파

trīclīnĭum, −ĭi, (n.) n. (고대 로마의) 3면에 눕는 안락의자가 붙은 식탁, 식당

trīdŭānus, −a, −um, (adj.) 사흘이 된

trīdŭum, −i, (n.) n. 사흘

trĭennis, −e, (adj.) 3년간의

trĭennĭum, −ĭi, (n.) n. 3년간

trĭmestris, −e, (adj.) 3개월간의

trĭplex, triplĭcis, (adj.) 세 겹의, 삼중의

tristis, −e, (adj.) 우울한, 슬픈

trītĭcum, −i, (n.) n. 곡식, 밀

trĭumphus, −i, (n.) m. 환호성, 개선, 승리

trĭumvĭr, −vĭri, (n.) m. 삼두정치관

Trōia, −ae, (n.) f. 트로이아; Equus Troiae 트로이아의 목마

tū, tŭi, tĭbi, te, te, (pron. pers.) 네가, 너의, 너에게, 너를, 너로부터

tŭĕor, tuēris, tŭĭtus sum, tŭēri, 2 dep. tr. (v.) 관찰하다, 방어하다, 보호하다, 보살피다

tum, (adv.) 그때에, 그 당시에, 그래서, 그렇다면, 그다음에

tŭmŏr, −ōris, (n.) m. 부종, 종기, 동요

tunc, (adv.) 그때에, 당시에

turbŭlentus, −a, −um, (adj.) 동요된, 문란한, 혼란한, 소란을 일으키는

turpis, −e, (adj.) 추잡한, 부끄러운, 추악한, 더러운

turris, −is, (n.) f. 망루, 종각, 요새

tussis, −is, (n.) f. 기침

tūtō, (adv.) 안전하게

tūto, as, āvi, ātum, āre, 1 tr. (v.) 가르치다, 훈육하다, 보호하다, 감독하다

tūtor, āris, ātus sum, āri, 1 dep. tr. (v.) 보호하다, 감독하다, 대비하다

tūtŏr, −ōris, (n.) m. 후견인, 보호자, 재산 관리인

tūtus, −a, −um, (adj.) 안전한, 위험성 없는, 신중한

tŭus, −a, −um, (adj.) 너의; (n.) m./f. 너의 사람; (n.) n. 너의 것; (n.) m./n. pl. 네 부모

tyrannis, tyrannĭdis, (n.) f. 폭정, 횡포, 폭군 체제

tўrannus, −i, (n.) m. 폭군, 횡령자

U

ŭbī(ŭbĭ), (adv.) 어디에; (conj.) ~하는 때에;
ŭbī~, ibi~ (adv.) ~이(가) 있는 곳에, 그곳에
~이(가) 있다; ŭbī prīmum ~하자마자

Ubĭi, ―ōrum, (n.) m. pl. (라인 강변에 거주한
독일 민족의 이름) 우비

ulciscor, ĕris, ultus sum, ulcisci, 3 dep. tr. (v.)
출발하다, 떠나다, 가다

ulcŭs(hulcus), ulcĕris, (n.) n. 상처, 종기, 궤양

ullus, ―a, ―um(nullus, ―a, ―um), (adj.) 어느 ~도
아닌, 아무도

ultĭmō, (adv.) 마지막으로, 끝으로

ultĭmus, ―a, ―um, (adj.) (공간) 가장 멀리 있는,
(시간) 마지막의, 최후의, (순서) 제일 나중의

ultrā, (praep.) 건너편에(으로), 넘어서, 너머에,
후에, 이상, 넘어; (adv.) 저편에

umbra, ―ae, (n.) f. 그림자, 그늘, 허망한 것

ŭmĕrus(hŭmerus), ―i, (n.) m. 어깨

umquam(unquam), (adv.) (부정사 nē, non 뒤)
한 번도 못하다; (의문) 일찍이, 언제고

ūnā, (adv.) 함께, 같이, 동시에

undĕ, (adv.) 어디에서

undĭquĕ, (adv.) 사방에서, 도처에서, 모든 면
에서

unguis, ―is, (n.) m. 손톱, 발톱, 발굽, (작품의)
완전성

ūnĭversĭtās, ―ātis, (n.) f. 일반, 전체, 종합대학
교, 우주, 만물

ūnĭversus, ―a, ―um, (adj.) 전(全), 온, 보편적인,
일반적인, 모든

unquam, (adv.) (부정사 ne 뒤에서) 한 번도 ~
않다, 도대체 ~한다는 말이냐?

ūnus, ―a, ―um, (adj.) 하나의, 한, 유일한, 같은,
홀로; (n.) m./f. 한 사람

urbs, urbis, (n.) f. 도시

ūro, uris, ussi, ustum, ĕre, 3 tr. (v.) 태우다, 화
장하다, 격분케 하다

usquam, (adv.) 아무 곳에도 (아니), 어떤 곳에

usquĕ, (adv. praep.) 계속해서, ~까지

ūsŭs, ―ūs, (n.) m. (dat. usui, acc. usum, abl. usu)
사용, 실천, 유익

ŭt, (adv. conj.) 어떻게? ~와 같이, 같은 모양
으로

ŭtĕr, ŭtra, ŭtrum, (adj. pron.) 둘 중 어느 것이
든지, 둘 다, 둘 중 누가

ŭterquĕ, ŭtrăquĕ, ŭtrumquĕ, (pron. adj.) 양쪽
다, 둘 다 각각

ūtĭlis, ―e, (adj.) 쓸모 있는, 유익한

ūtĭlĭtās, ―ātis, (n.) f. 이용, 유익

ŭtĭnam, (adv.) 제발, 아무쪼록

ūtor, ĕris, ūsus sum, ūti, 3 dep. intr. (드물게
tr.) (v.) (+abl.) ~을 사용하다

uxŏr, ―ōris, (n.) f. 아내, 주부; uxorem ducere
장가가다, 아내를 맞이하다

V

văcātĭo, −ōnis, (n.) f. 방학, 면제, 휴가, 휴학

vacca, −ae, (n.) f. 암소

văco, as, āvi, ātum, āre, 1 intr. (v.) (abl., ab+
abl.) 없다, 비어 있다, 쉬다, 전념하다, 종사
하다, 자유롭다

văcŭus, −a, −um, (adj.) 비어 있는, 한가한

vādo, is, ĕre, 3 intr. (v.) 가다, 앞으로 나아가다,
전진하다

vāgīna, −ae, (n.) f. 칼집

văgor, vagāris, ātus sum, āri, 1 dep. intr. (v.)
떠돌아다니다, 방황하다, 배회하다

valdē, (adv.) 매우, 대단히

vălens, −entis, (adj.) 건강한, 유효한, 강한

vălĕo, es, valŭi, vălītūrus, ēre, 2 intr. (v.) 잘
있다, 의미가 있다, 능력(효능)이 있다, 영향
력이 있다

vălētūdo(valitudo), −dĭnis, (n.) f. 건강, 유효성

vălĭdus, −a, −um, (adj.) 건강한, 잘 있는, 유효한

vallis(−es), −is, (n.) f. 골짜기, 계곡

vallum, −i, (n.) n. 울타리, 방어책, 성벽

vallus, −i, (n.) m. 말뚝, 울타리, 성벽

valva, −ae, (n.) f. (앞뒤로, 양쪽으로 열리는) 문

vānĭtās, −ātis, (n.) f. 허풍, 헛수고, 거짓; 경망,
경솔, 가벼움

vānus, −a, −um, (adj.) 헛된

vāpŭlo, as, āvi, ātum, āre, 1 intr. (v.) 매 맞다,
피해를 입다

vărĭus, −a, −um, (adj.) 다양한, 여러 가지

vās, vāsis, (n.) n. 그릇, 항아리, 혈관

vasto, as, āvi, ātum, āre, 1 tr. (v.) 파괴하다,
폐허로 만들다, 황폐케 하다, 약탈하다

vectīgăl, vectigālis, (n.) n. 세금, 조공, 개인 소득

vĕhĕmens, vĕhĕmentis, (adj.) 난폭한

vĕhĕmentĕr, (adv.) 강하게, 활기차게, 결정적
으로

vĕl, (conj.) (최상급을 강조) ~도 또한, ~까지도

vēlōcĭtās, −ātis, (n.) f. 빠르기, 속력

vēlox, velōcis, (adj.) 빠른, 신속한

vēlum, −i, (n.) n. 돛

vēnātŏr, −ōris, (n.) m. 사냥꾼

vendo, is, dĭdi, dĭtum, ĕre, 3 tr. (v.) 팔다, 판매
하다

vĕnēfĭcĭum, −ĭi, (n.) n. 독약 제조, 독살죄, 중독

vĕnēnum, −i, (n.) n. 독, 독약

vēnĕo, is, vēnĭi, vēnum, īre, intr. (v.) (vendo
동사의 수동의 의미로 사용) 팔리다

vĕnĕror, āris, ātus sum, āri, 1 dep. tr. (v.) 존경
하다, 공경하다, 숭배하다

Vĕnĕti(−thi), −ōrum, (n.) m. pl. 베네치아 주민들

vĕnĭa, −ae, (n.) f. 친절, 온정, 허가, 용서

vĕnĭo, is, vēni, ventum, īre, 4 intr. (v.) 오다,
일어나다, 생기다

ventus, −i, (n.) m. 바람, 공기

vēr, vēris, (n.) n. 봄

verbĕr, −ĕris, (n.) n. 채찍, 편태, 구타

verbĕro, as, āvi, ātum, āre, 1 tr. (v.) 채찍질하다,
푸대접하다

verbum, −i, (n.) n. 말, 언어, (문법) 동사

vērē, (adv.) 정말로, 확실히

vĕrĕor, ēris, vĕrĭtus sum, ēri, 2 dep. tr. et intr.
(v.) 주저하다, ~에 대해 두려워하다, 공경
하다

vērĭtās, −ātis, (n.) f. 진리, 성실함

vermis, −is, (n.) m. 벌레

vērō, (adv.) (첫말 다음에) 그러나, 그런데 더,
그 밖에, 실로, 진정

versus, (adv.) ~을 향하여, 쪽으로

versŭs, −ūs, (n.) m. 시, 노래; versŭs făcĕre 시를 쓰다

vĕrū, vĕrūs, (n.) n. 석쇠

vērum, −i, (n.) n. 진실

vērus, −a, −um, (adj.) 참된, 사실의, 정당한, 진정한

vescor, ĕris, vesci, 3 dep. intr. et. tr. (v) tr. 먹고살다; intr. 먹다

vespĕr, vespĕri(−ĕris), (n.) m. 저녁, 해질녘, 만찬

vespĕrascit, vespĕrāvit, ĕre, 3 intr. impers. (v.) 저녁이 되다

vespĕrĕ(vespĕri), (adv.) 저녁에

vestĕr, vestra, vestrum, (adj.) 너희의

vestīmentum, −i, (n.) n. 옷, 침대보, 이불보

vestĭo, īs, īvi, ītum, īre, 4 tr. (v.) 입다, 입히다

vestis, −is, (n.) f. 옷, 양탄자, 옷감

vĕto, as, vĕtŭi, vĕtĭtum, āre, 1 tr. (v.) 금지하다, 반대하다, 반대표를 던지다

vĕtŭs, vĕtĕris, (adj.) 옛, 낡은, 고물의

vĕtustās, −ātis, (n.) f. 고대, 태고, 오랜 기간, 장기간

vexo, as, āvi, ātum, āre, 1 tr. (v.) 박해하다, 학대하다, 고통스럽게 하다, 괴롭히다

vĭa, −ae, (n.) f. 길, 경로, 여행, 궤도

vĭātŏr, −ōris, (n.) m. 여행자, 나그네, 나라의 사자

vīcus, −i, (n.) m. 마을

vĭdēlĭcet, (adv.) 곧, 확실히

vĭdĕo, es, vīdi, vīsum, ēre, 2 tr. (v.) 보다, 깨닫다, 알아차리다

vĭdĕor, vidēris, vīsus sum, ēri, 2 dep. intr. (v.) 보이다, ~처럼 보이다, 것 같다

vĭgĕo, es, vĭgŭi, ēre, 2 intr. (v.) 원기 왕성하다, 건강하다

vĭgĭl, vĭgĭlis, (adj.) 깨어 지키는, 야경하는

vĭgĭlĭa, −ae, (n.) f. 깨어 있음, 보초, 감시, 경비

vĭgĭlo, as, āvi, ātum, āre, 1 intr. et tr. (v.) 깨어 있다, 잠자지 아니하다, 불침번을 서다

villa, −ae, (n.) f. 별장

vinco, is, vīci, victum, ĕre, 3 tr. (v.) 승리하다, 정복하다, 능가하다, 극복하다

vincula, −ōrum, (n.) n. pl. 감옥

vincŭlum, −i, (n.) n. 끈, 사슬, 유대, 구속; pl. 감옥

vīnum, −i, (n.) n. 포도주, 술, 음주

vĭŏlentĭa, −ae, (n.) f. 폭력

vĭŏlentus, −a, −um, (adj.) 폭력적인, 폭압적인

vĭŏlo, as, āvi, ātum, āre, 1 tr. (v.) 폭행하다, 위반하다, 어기다, 모독하다

vĭr, vĭri, (n.) m. 남자, 인간, 남편

vīres, virĭum, (n.) f. pl. 힘, 기력, 구제책, 군대

virga, −ae, (n.) f. 연한 가지, 매, 채찍, 회초리

virgo, virgĭnis, (n.) f. 처녀, 동정녀, (대문자 Virgo) 동정녀 마리아

virtūs, virtūtis, (n.) f. 덕, 덕목, 용맹

vīrus, −i, (n.) n. 독약, 독

vīs, −, (n.) f. 힘, 폭력

vīsĭto, as, āvi, ātum, āre, 1 tr. (v.) 자주 보다, 방문하다, 구경하다

vīso, is, vīsi, vīsum, ĕre, 3 tr. (v.) 관찰하다, 방문하다

vīsŭs, −ūs, (n.) m. 시각, 전망

vīta, −ae, (n.) f. 인생, 삶

vītālis, −e, (adj.) 생명의

vĭtĭum, −ĭi, (n.) n. 결점, 흠, 악습

vīto, as, āvi, ātum, āre, 1 tr. (v.) 피하다, 기피하다

vĭtŭpĕro, as, āvi, ātum, āre, 1 tr. (v.) 비난(책망, 검열)하다

vīvo, is, vixi, victum, ĕre, 3 intr. (v.) 살다, 살아가다

vīvus, −a, −um, (adj.) 산, 생명 있는, 신선한

vix, (adv.) 겨우, 간신히

(vix), vĭcis, (n.) f. 연속, 차례, 교대, 대리, 대신

vōbis, (pron.) 너희에게

vŏco, as, āvi, ātum, āre, 1 tr. (v.) 부르다, ~라고 부르다

vŏlo, vīs, vŏlŭi, velle, tr. anom. (v.) 원하다, 주장하다, 의미하다

vŏlŭcĕr, vŏlŭcris, vŏlŭcre (adj.) 날개 달린, 날아다니는

vŏluptās, −tātis, (n.) f. (육체적) 쾌락, 즐거움

vōtum, −i, (n.) n. 축원, 기원, 간청, 서원

vox, vōcis, (n.) f. 목소리, 말

vulgus, −i, (n.) n. 평민, 서민

vulnĕro, as, āvi, ātum, āre, 1 tr. (v.) 부상시키다, 상해하다, 상처 입히다

vulnŭs(volnŭs), vulnĕris, (n.) n. 상처, 치욕, 아픔, 고통

vultum, −i, (n.) n. 얼굴

vultŭs(voltŭs), −ūs, (n.) m. 얼굴

Z

Zăma, −ae, (n.) f. 자마(한니발과의 전쟁으로 유명한 Numidia의 도시)

zēlus, zeli, (n.) m. 질투

zōna, −ae, (n.) f. 지역

Solutiones

해답

제1권 품사론

Pars 0
Exercitatio   (품사론 p. 5)

1. 1) e)   2) d)   3) b)   4) c)   5) f)   6) a)

Pars 1
Lectio I - Exercitatio   (품사론 p. 26~28)

1. 1) 정의의 길   2) 가정의 폭력(가정 폭력)   3) 인생의 운

   4) 농업의 학교   5) 여왕의 왕관   6) 달과 별

   7) 정의의 길은 항구성(지속성)에 있다.   8) 불의가 폭력의 원인이다.

2. 1) a) 단수 속격   b) 복수 주격   c) 단수 여격

   2) b) 단수 대격   3) b) 복수 탈격   4) a) 복수 속격

3. 1) a) 지혜를   b) 지혜의, 지혜에(추상명사의 복수 형태는 없다.)

      c) 지혜가, 지혜로, 지혜여

   2) a) 학교의, 학교에, 학교들이, 학교들이여   b) 학교들에, 학교들로   c) 학교를

4. 1) historia iustitiae   2) schola sapientiae

   3) causa iniustitiae   4) aqua et terra

5. 1) 집에 여주인이 있다.   2) 섬에 길이 있다.

   3) 식탁에 장미들이 있다.   4) 시인들의 조국, 그리스는 로마의 스승이다.

6. 1) a) 항아리에 물이 있다.

   2) a) 선원들이 섬으로 돌아간다(돌아가고 있다).

   3) b) 농부들이 숲으로 온다(오고 있다).

   4) a) 탈주병들이 그리스로 온다(오고 있다).

Lectio II - Exercitatio　　　(품사론 p. 35~36)

1. 1) discipulus(m. 학생), discipuli, discipulo, discipulum, discipulo; discipuli, discipulorum, discipulis, discipulos, discipulis

　2) malus(f. 사과), mali, malo, malum, malo; mali, malorum, malis, malos, malis

　3) bellum(n. 전쟁), belli, bello, bellum, bello; bella, bellorum, bellis, bella, bellis

　4) liber(m. 책), libri, libro, librum, libro; libri, librorum, libris, libros, libris

　5) damnum (n. 손해), damni, damno, damnum, damno; damna, damnorum, damnis, damna, damnis

　6) vir(m. 남자), viri, viro, virum, viro; viri, virorum, viris, viros, viris

2. 1) a) 목수가, 목수여　　b) 목수들에게, 목수들로부터　　　c) 목수를

　2) a) 진영이, 진영을(복수에서 뜻이 바뀜)

　　b) 진영에, 진영으로부터　　　　c) 진영의

　3) a) 전쟁이, 전쟁을, 전쟁이여　　　b) 전쟁들이, 전쟁들을, 전쟁들이여

　　c) 전쟁의

3. 1) 평민들은 성안에서 살지 않는다. (in+abl. ~에서)

　2) 원수들은 종종 싸우기를 원한다. (desidero+inf. ~하기를 원하다)

　3) 전쟁은 백성들을 위협하고, 왕국에 큰 피해를 준다.

　4) 장인은 항상 자기 사위들을 사랑해야 한다.

4. 1) Mercurius est nuntius deorum.

　2) Dominus servum in casam mittit.

Lectio III - Exercitatio 1　　　(품사론 p. 41~42)

1. 1) 태양(하늘) 아래 새로운 것은 없다.

　2) 아우구스투스 황제는 시인들과 연설가들의 친구였다.

　3) 맹자는 유명한 저술가였다. (그는) 옛 중국의 좋은 풍속들을 칭송했다.

　4) 고통이 눈물 나게 한다.

　5) varii, pulchri; 다양한 꽃들이 우리 정원에 피어 있다. 우리 정원의 꽃들은 아름답다.

　6) pigri; 게으른 사람들은 일을 사랑하지 않는다.

　7) longam; 게으른 사람들은 긴 휴식을 사랑한다.

　8) malos; 어머니는 소년들의 나쁜 습관(악습)들을 책망했다.

　9) varii; 인간들의 생활 방식(풍습)들은 다양하다.

　10) certus, necessarius; 일들의 분명한 순서가 사람들에게 필요하다.

Lectio III - Exercitatio 2   (품사론 p. 44~45)

1. 1) 물고기들이 물에서 헤엄친다.   2) 벌레들이 밭(들)에 있다.

   3) 아무도 죽음 앞에 행복하지 않다.   4) 우리는 온 마음으로 공부해야 한다.

2. 1) multae; 여름에 많은 새들이 숲(들)에서 지저귄다(노래한다).

   2) pulchros; 많은 새들은 아름다운 색들(m. pl.)을 가진다.

   3) incerta; 인간들의 운명은 불확실하다.

   4) longae; 아픈 사람에게 밤(들)은 길다.

Lectio III - Exercitatio 3   (품사론 p. 50~51)

1. 1) 제3변화 명사 제1식

      dolor, doloris, m. 고통, 아픔; mater, matris, f. 어머니(예외); homo, hominis, m. 사람;
      genus, generis, n. 종류

   2) 제3변화 명사 제2식

      os, ossis, n. 뼈; iuvenis, iuvenis, m. 젊은이; apis, apis, f. 꿀벌; hostis, hostis,
      m. 적; gens, gentis, f. 종족, 민족; mors, mortis, f. 죽음; avis, avis, f. 새; pars,
      partis, f. 부분, 편, 쪽; plebs, plebis, f. 평민, 민중; mons, montis, m. 산; nox,
      noctis, f. 밤

   3) 제3변화 명사 제3식

      mare, maris, n. 바다; animal, -is, n. 동물

2. 1) 자유   2) 여름에   3) 귀찮은가

   4) 착한 사람들은(boni는 bonus 형용사가 명사화된 것임)

   5) 모든 동물은   6) 말들의   7) 바다의

3. 1) magna, molesta; 과중한 세금(들)은 시민들에게 괴롭다.

      (주어 vectigalia가 중성 복수 3인칭이기에 3인칭 복수 sunt를 쓴다. 'magna'와 'molesta'
      는 'vectigalia'가 중성 복수이기 때문에 중성 복수 형용사의 형태를 취한 것이다.)

   2) varia; 동물들의 종류는 다양하다.

      ('genera'는 genus의 중성 복수 1인칭. 따라서 형용사 'varius, -a, -um'의 중성 복수
      1인칭의 형태인 'varia'가 온다.)

   3) magna; 큰 폭풍우는 선원들에게 해로웠다.

      ('tempestas'가 여성이므로 'magnus, -a, -um'의 여성을 쓴다.)

   4) magnus; 여름에 매우 덥다.

      ('calor'가 남성이므로 'magnus, -a, -um'의 남성을 쓴다.)

Lectio Ⅳ - Exercitatio 1　　　(품사론 p. 56~58)

1. 1) 단수 대격; 관절을　　　　　2) 단수 대격; 운동을, 움직임을
   3) 단수 탈격; 냄새로　　　　　4) 복수 주격, 대격, 호격; 석쇠들이, 석쇠들을, 석쇠들아
   5) 복수 여격, 탈격; 동굴들에, 동굴들로
   6) 단수 대격; 예수를

2. 1) 원로원들의 권위는 모든 백성들에게 크다.
   2) 별들은 일출과 일몰을(뜨고 짐을) 가진다.
   3) 겨울에 배들은 항구에 있다; (반대로) 여름에 (배들은) 깊은 바다로 항해한다. (여름에 깊은 바다를 항해한다는 의미)
   4) 모든 동물은 오감을 가진다. 즉 시각, 청각, 미각, 촉각, 후각이다.
   5) 발들과 무릎들은 신체의 부분들이다.
   6) 인간의 인생의 말로는 불확실하다.

3. 1) c); 사자들의 포효와 그리스도교 신자들의 탄식이 경기장을 가득 채우고 있었다. (직설 미완료 복수 3인칭)
   2) c); 옛날 라찌오의 호수들과 늪지대들에는 엄청난 양의 새들이 있었다.
   3) a); 아테네인들은 엄청난 페르시아인들의 군대를 피해 달아났다. (직설법 완료 복수 3인칭)

Lectio Ⅳ - Exercitatio 2　　　(품사론 p. 60~61)

1. 1) 단수 속격과 여격, pernicies, 파멸
   2) 단수 주격과 호격, 복수 주격·대격·호격, species, 외관, 종(種)
   3) 복수 속격, dies, 날　　　　　4) 단수 대격, acies, 전선, 진지, 군대
   5) 단수 탈격, spes, 희망

2. 1) 믿음, 희망, 사랑은 중요한 덕목들이다.
   2) 유리한 상황에서 사람들은 많은 친구들을 가지지만, 역경에서는 소수를(소수의 친구들을) 가진다.
   3) 국가의 경영은 힘든 일이다(국가의 통치는 어려운 일이다).
   4) 겨울에 낮(들)은 짧고, 밤(들)은 길다.
   5) 하루하루가 같다. 그날이 그날이다. [직역: 하루(날)는 하루(날)를 닮았다.]
      (similis는 여격을 요구하는 형용사이므로 dies의 여격 diei가 온다.)
   6) 생명이 있는 한, 희망은 있다.
      (=Dum vivimus, speramus. 우리는 살아 있는 동안, 희망한다.)

7) 폭군이 있는 곳에, 그곳에 국가는 전혀 없다.

8) 진리의 한 면(모습)이다.

Pars 2

Lectio I - Exercitatio 1   (품사론 p. 77~78)

1. 1) 거스르는 운(역경)의(단수 속격), 역경에(단수 여격)

   (N.B. fortuna, —ae, f. 명사는 단수와 복수의 의미가 달라지는 명사. "fortuna, —ae, 운, 운명, 행운, 불행; fortunae, —arum, pl. 재물, 재산, 부"라는 뜻이므로 fortunae adversae 에서 복수의 의미는 문맥상 성립되지 않는다.)

   2) 잎이 우거진 플라타너스는(단수 주격)

   3) 많은 건물들이(복수 주격), 많은 건물들을(복수 대격), 많은 건물들이여(복수 호격)

   4) 공정한 심판의(단수 속격), 공정한 심판들이(복수 주격), 공정한 심판들이여(복수 호격)

2. 1) b) 무자비한 주인이(단수 주격)

   2) a) 작은 벚나무(f.)가(단수 주격)

   3) a) 큰 신전(n.)들이(복수 주격), 큰 신전들을(복수 대격)

   4) a) 유명한 시인(m.)의, 유명한 시인들이(복수 주격), 유명한 시인들이여(복수 호격).

3. 1) Parva(f. 단수 주격), magnas(f. 복수 대격); 작은 불씨가 큰불(들)을 일으킨다.

   2) Clarus(m. 단수 주격), funestum(n. 단수 대격); 유명한 시인은 트로이아의 비통한 화재 를 노래한다.

   3) Antiqua(n. 복수 주격), obscura(n. 복수 주격); 신탁의 옛(날) 대답들은 모호하다.

   4) pulchram(f. 단수 대격); 소년은 아름다운 소녀를 사랑한다.

   5) varii, pulchri; 다양한 꽃들이 우리 정원에 피어 있다. 우리 정원의 꽃들은 아름답다.

   6) pigri; 게으른 사람들은 일을 사랑하지 않는다.

   7) longam; 게으른 사람들은 긴 휴식을 사랑한다.

   8) malos; 어머니는 소년들의 나쁜 습관(악습)들을 책망했다.

   9) varii; 인간들의 생활 방식(풍습)들은 다양하다.

   10) certus, necessarius; 일들의 분명한 순서가 사람들에게 필요하다.

Lectio I - Exercitatio 2   (품사론 p. 87)

1. (각 형의 변환은 본문 참조)

   1) 제1식

      alacer, alacris, alacre 활발한; terrester, terrestris, terrestre 지상의, 땅의, 육지;

saluber, salubris, salubre 건강에 좋은, 유익한; celer, celeris, celere 빠른, 신속한; silvester, silvestris, silvestre 숲의, 야생의; pedester, pedestris, pedestre 도보의, 보병의; equester, equestris, equestre 기병의, 기사의, 남작의

2) 제2식

fertilis, −e 비옥한; communis, −e 공동의, 공통된; brevis, −e 짧은; difficilis, −e 어려운; humilis, −e 겸손한, 낮은; crudelis, −e 포악한

3) 제3식

audax, audacis 대담한, 담대한; misericors, misericordis 자비로운, 인정 많은; vehemens, vehementis 난폭한; fugax, fugacis 도망(기피)하는; prudens, prudentis 신중한, 현명한; felix, felicis 비옥한, 행복한; mendax, mendacis, 거짓말하는; clemens, clementis 어진

2. 1) facilis methodus(f.) 쉬운 방법　　　2) difficilis periodus(f.) 어려운 시기
   3) salubre studium(n.) 유익한 공부　　　4) alacer filius 발랄한 아들
   5) potens magistra 유능한 여선생님
   (N.B. potens는 남성, 여성, 중성이 모두 같은 형태의 형용사임)

3. 1) 학문은 길고(f. 단수 주격), 인생은 짧다(f. 단수 주격).
   2) 정의의 길은 쉽지(f. 단수 주격) 않다.
   3) 많은 전쟁들은 불의하고(n. 복수 주격) 무익하다(n. 복수 주격).
   4) 한국의 밭(m.)들은 비옥(m. 복수 주격)하다.

Lectio II - Exercitatio　　　(품사론 p. 97~98)

1. 1) (기수) 열다섯　　2) (서수) 넷째　　3) (서수) 열 번째
   4) (기수) 열아홉　　5) (기수) 열　　6) (기수) 셋
   7) (서수) 첫째　　8) (기수) 열여덟　　9) (기수) 여덟
   10) (서수) 세 번째　　11) (서수) 아홉 번째　　12) (기수) 아홉
   13) (기수) 스물　　14) (기수) 천　　15) (기수) 열일곱

2. 1) 나는 1983년에 태어났다.　　　2) 나는 64세이다.
   3) 그는 21번째 여자 친구를 찾아다닌다.
   4) 큰 도시에는 천 명의 농민과 스물한 명의 부자들이 있었다.

3. 1) 9시 15분　　2) 5시 45분　　3) 7시 20분
   4) 10시 10분　　5) 2시 45분(3시 15분 전)
   6) 4시 30분

1. 1) 노인들이 젊은이들보다 더 지혜롭다. (sapientiores는 sapiens 형용사의 비교급 중성 복수 주격)

2) 금이 철보다 더 귀하다(비싸다).

3) 철이 금보다 더 유용하다. (utilius는 utilis 형용사의 비교급 중성 단수 주격)

4) 공손한 말(들)이 가끔 거친 말보다 더 유익하다. (utiliora는 utilis 형용사의 비교급 중성 복수 주격)

5) 강들이 개울들보다 더 깊다. (profundiora는 profundus 형용사의 비교급 중성 복수 주격)

6) 사람들에게 겨울보다 여름이 더 쾌적하다. (iucundior는 iucundus 형용사의 비교급 여성 단수 주격)

7) 아시아의 산들이 유럽의 산들보다 더 높다. (altiores는 altus 형용사의 비교급 남성 복수 주격)

8) 공자가 맹자보다 더 현명하였다. (sapientior는 sapiens 형용사의 비교급 남성 단수 주격)

9) 가끔 가난한 사람들이 부자들보다 더 행복하다. (feliciores는 felix 형용사의 비교급 남성 복수 주격)

10) 장군들은 사병들보다 더 용감해야 한다. (fortiores는 fortis 형용사의 비교급 남성 복수 주격)

11) 내전보다 공화국(국가)에 더 위험한 것은 아무것도 없다. (periculosius는 periculosus 형용사의 비교급 중성 단수 주격)

12) 선량한 시민들에게 조국은 목숨보다 더 귀하다. (carior는 carus 형용사의 비교급 여성 단수 주격)

13) 철은 돌보다 더 단단하다. (durius는 durus 형용사의 비교급 중성 단수 주격)

14) 국민(들)에게 자유보다 더 고마운(사랑스러운) 것은 아무것도 없다. (gratius는 gratus 형용사의 비교급 중성 단수 주격)

15) 너희 정원에 있는 꽃들이 우리 정원에 있는 꽃들보다 더 아름답다. (pulchriores는 pulcher 형용사의 비교급 남성 복수 주격)

16) 많은 동물들의 감각들이 인간들의 감각보다 더 예리하다. (이 문장에서 sensus는 남성 복수 주격임. acriores는 acer, acris 형용사의 비교급 남성 복수 주격)

17) 언제 밤(들)이 더 짧은가, 여름인가 겨울인가? (breviores는 brevis 형용사의 비교급 여성 복수 주격)

2. 1) 너희의 왕이 가장 용맹하다. (fortissimus는 fortis 형용사의 최상급 남성 주격)

   2) 이 강은 가장 길고 (폭이) 넓다. (longissimus는 longus 형용사의 최상급 남성 주격, latissimus는 latus 형용사의 최상급 남성 주격)

   3) 로마는 가장 유명한 도시였다. (clarissima는 clarus 형용사의 최상급 여성 주격)

   4) 노인들의 가르침(들)이 젊은이들에게 가장 유익하다. (senum은 senex의 복수 속격. utilissima는 utilis 형용사의 최상급 중성 복수로서, praecepta에 일치)

   5) 착한 아들이 아버지에게 가장 사랑스럽다. (carissimus는 carus 형용사의 최상급 남성 주격)

   6) 아주 아득한 옛날 중국은 이미 아주 견고한 성곽도시들을 가지고 있었다. (antiquissi-mis는 antiquus 형용사의 최상급 중성 복수 탈격, firmissima는 firmus 형용사의 최상급 중성 복수 대격)

   7) 거지들이 가장 불쌍하고 불행하다. (miserrimi는 miser 형용사의 최상급 남성 복수 주격, infelicissimi는 infelix 형용사의 남성 복수 주격)

   8) 가장 신분이 높은 사람들이 가끔 가장 불쌍(가난)했다. (nobilissimi는 nobilis 형용사의 최상급 남성 복수 주격, pauperrimi는 pauper 형용사의 최상급 남성 복수 주격)

   9) 아주 저명한 사람들의 죽음이 가끔 아주 불쌍했다. (illustrissimorum은 illustris 형용사의 최상급 남성 복수 속격, miserrima는 miser 형용사의 최상급 여성 단수 주격)

   10) 가장 아름다운 지역들이 늘 가장 비옥한 것은 아니다. (pulcherrimae는 pulcher 형용사의 최상급 여성 복수 주격, fertilissimae는 fertilis 형용사의 최상급 여성 복수 주격)

   11) 이탈리아의 도시들이 가장 번화하다. (celeberrimae는 celeber 형용사의 최상급 여성 복수 주격)

   12) 게으른 사람들에게 일들은 가장 성가시다. (molestissimi는 molestus 형용사의 최상급 남성 복수 주격)

   13) 어떤 인간이 가장 불쌍한가? 어떤 인간이 가장 행복한가? (miserrimus는 miser 형용사의 최상급 남성 단수 주격, felicissimus는 felix 형용사의 최상급 남성 단수 주격)

3. 1) 덕이 금보다 더 낫다.

   2) 가난한 사람들이 부자들보다 더 많다. (plures는 plus 형용사의 비교급 남성 복수 주격)

   3) 달은 지구보다 작다. (minor는 parvus 형용사의 비교급 주격)

   4) 추잡한 삶은 죽음보다 더 나쁘다. (peior는 malus 형용사의 비교급 주격)

   5) 도둑은 나쁘고, 강도는 더 나쁘고, 살인범이 제일 나쁘다.

   6) 대다수의 새들이 가을에 더 따듯한 지역으로 이동한다.

   7) 양자강은 가장 큰 중국의 강이다.

8) 나의 충고는 좋고, 너의 충고는 더 좋으며, 내 친구의 충고가 가장 좋다. (bonum, melius, optimum. bonus 형용사의 원형, 비교급, 최상급 중성 단수 주격)

9) 가장 사소한 일들이 가장 큰 전쟁들의 원인들이었다. (res가 여성 복수이므로 parvus 형용사의 최상급 여성 복수 minimae를 사용)

10) 건강이 부(富)보다 더 낫다.

Pars 3

Lectio I - Exercitatio 1　　(품사론 p. 125~126)

1. 1) 저 농부들은 많은 노예들을 가리킨다. (ille의 남성 복수 주격)

2) 그들은 이 남자에게 생선(들)과 함께 검은 빵을 줄 것이다. (hic의 남성 단수 여격)

3) 노인이 이 소녀에게 재미있는 우화를 이야기하고 있었다/들려주곤 하였다. (haec의 여성 단수 여격)

4) 주인은 저 여인들에게 아름다운 장미들을 선물할 것이다. (illa의 여성 복수 여격)

5) 죽음의 그림자 아래에(속에) 이 남자의 운명은 불확실하다. (hic의 남성 단수 속격)

6) 저 친구를 반대하여 이 편지를 친구가 쓴다. (ille의 남성 단수 대격, haec의 여성 단수 대격)

7) 내일 나는 이 소녀의 어머니를 도시를 거쳐서 교회로 데리고 갈 것이다. (haec의 여성 단수 속격)

8) 그 선원의 이름은 무엇인가? (iste의 남성 단수 속격)

9) 그 남자는 이 군인들에게(직역: 군인들을) 충고해서는 안 된다. (iste는 남성 단수 주격, hi는 hic의 남성 복수 대격)

10) 선원들과 농부들은 다르다. 후자(농부들)는 안정된 보금자리를 가지지만, 전자(선원들)는 늘 장소를 바꾼다. (hic의 남성 복수 주격, ille의 남성 복수 주격. agricolae → hi, nautae → illi)

11) (우리는) 안토니우스와 옥타비아누스의 결정을 거부한다. 후자(옥타비아누스)는 불의하고, 전자(안토니우스)는 위험하다. (istud는 중성 단수 주격, illud는 중성 단수 주격. consilium이 중성이므로 지시대명사도 중성을 사용함)

Lectio I - Exercitatio 2　　(품사론 p. 131~132)

1. 1) "id"(donum이 중성 단수 대격이므로 id 중성 단수 대격); 나는 선물을 본다. (너는) 그것을 보느냐?

2) "hoc"(bellum이 중성 단수 주격이므로 hoc), "Id"(앞 문장을 대신하는 대명사 Id); 이

전쟁은 사악하다. (나는) 그것을 두려워한다(두려워하고 있다).

3) "hoc"(signum이 중성 단수 탈격이므로 hoc); (너는, 당신은) 이 군기로 승리할 것이다.

4) "eorum"(munus가 중성 단수이므로 중성 복수 속격 eorum); 그들의 임무는 학생들을 가르치는 것이다.

2. 1) (그들은) 같은 어머니(배가 같은)의 아들들이다.

2) (나는) 같은 선원에게 빵(들)과 물을 신전의 처마(지붕) 밑에서 주리라(줄 것이다).

3) 같은 여인(소녀)이 나에게 마음의 증오와 사랑을 가르쳐 주고 있었다(가르쳐 주곤 하였다).

4) (나는) 같은 정원에서 같은 나무들을 보고 있었다(보곤 하였다).

5) 이 선생님이 직접(몸소) 나에게 인생의 목적을 가르쳐 주곤 하였다(가르쳐 주고 있었다).

6) 내가 직접 길을 찾든가(찾아내거나) 만들리라. (inveniam, faciam은 직설법 미래 단수 1인칭)

7) (나는) 너를 직접 편지로(를 통해) 알고 싶었다.

8) 그들에게는 아버지가 같고, 어머니가 (같고), 도시가 같았다. 그러나 그들은 같은 조국에 대해 같은 것(들)을 생각하지 않곤 하였다(생각하지 않고 있었다). (pater가 남성이므로 idem, mater가 여성이므로 eadem, municipium이 중성이므로 idem, patria가 여성 탈격이므로 eadem, 뒤의 eadem은 중성 복수 대격)

9) 만일 (네가) 같은 사람들에게 같은 잘못을 누차 저지른다면, 그들로부터 전혀 용서를 받지 못할 것이다. (culpam과 일치하는 지시형용사로 eandem은 여성 단수 대격, iisdem은 남성 복수 여격, eis는 남성 복수 탈격, committes와 accipies는 직설법 미래 단수 2인칭)

Lectio II - Exercitatio　　　(품사론 p. 140~142)

1. 1) 당신은 어떻게 지내십니까? 나는 아주 잘(나쁘게) 지냅니다. 나는 잘(그럭저럭/나쁘게) 지냅니다.

2) (네가) 나를 사랑한다면, 내 아들아, 잘 일해야 한다.

3) 아리스토텔레스의 명언이 여러분에게(너희들에게) 잘 알려져 있다. "인간은 정치적 동물이다." (dictum, animal이 중성이므로 notum과 politicum을 사용)

4) 평화가 당신과 함께! 주님께서 여러분과 함께!

5) (우리는) 너희에 대한 기(추)억을 가슴속에 간직할 것이다.

6) 황제는 전령을 통해 우리를 자기한테 부른다.

7) 소녀의 선물이 무척 나의 마음에 든다. (placeo는 여격 요구 동사이므로 mihi를 씀)

8) 오늘은 나에게, 내일은 너에게(그대에게)! (타인의 죽음을 통해 자신의 죽음을 바라보라는 의미)

9) 자매들은 서로 사랑한다.

2. 1) 그들의 선생님은 병약하셨다.

2) 이 로마인은 자기 군인들을 칭찬할 수 없을 것이다.

3) 마르코는 하인을 통해 너의 여자 친구에게 편지를 보내곤 하였다(보내고 있었다).

4) 우리의 마음은 사랑에 눈이 멀어 있다.

5) 안토니오는 나를 자기와 함께 시라쿠사로 데리고 가길 원한다.

6) 나 자신이 나에게 가장 가깝다. (나에게 가장 가까운 사람은 나뿐이라는 의미)

3. 좋은 선생님들은 학생들에게 자기의 생각(들)을 늘 말해서는 안 된다. 논쟁(들) 중에 피타고라스의 학생들은 종종 말하곤 하였다. "스스로 말했다!" 그들의 철학(의) 선생님은 피타고라스 "자신(自身)"이었다. 즉 그의 생각들도 이성 없이도 의미가 있었다. 그러나 철학에는 생각이 아니라 오직 이성만이 의미를 가져야 한다.

Lectio III - Exercitatio 1 (품사론 p. 146~147)

1) 너는 어떤 남자인가? (qui[m.] vir[m.], 의문형용사 남성 단수 주격 qui)

2) 누가 그해에 법무관이었는가? (eo anno 그해에. 시간 부사어는 전치사 in 없이 탈격으로 사용)

3) 우리는 누구에게 복종해야 하는가? 캐사르(황제)에겐가 (神)에게인가?(캐사르인가 神인가?)
   (의문대명사 남성 단수 여격 cui. 의문대명사 quis, quid는 정체에 대해 묻고, 의문형용사 qui, quae, quod는 성질이나 자격을 물음)

4) 너는 누구의 종이냐? 폼페이우스의 종인가 아니면 나의 종인가?

5) 우리의 저녁에 누가 올 것인가? (의문대명사 남성 단수 주격 quis. veniet는 venio 동사의 직설법 미래 단수 3인칭)

6) 여러분은 선생님들과 함께 어느 대학을 방문하였습니까? (의문형용사 여성 단수 대격)

7) 그들의 정당들은 전쟁에서 어느 편에 서 있었는가?

8) 너는 길에서 무엇을 보았는가? (의문대명사 중성 단수 대격 quid)

9) 누가 누구를 누구 때문에 사랑했었는가? (의문대명사 단수 주격 quis, 대격 quem, 탈격 quo)

10) 당신은 제1권 다음에 제2권(다른 권)에서 무슨 내용에 대해 다루었는가? (의문대명사

중성 복수 탈격 quibus [rebus])

11) 도대체 뭘 생각한단 말이냐? (도대체 무슨 생각을 하느냐?)

12) 도대체 누가 네 돈(들)을 가져갔단 말이냐?

13) 저놈의 심판관(판사)들이 도대체 무슨 말을 했을까?

Lectio III - Exercitatio 2   (품사론 p. 152)

1) 우리는 몇 해나 이탈리아에 있을까?

2) (그는) 얼마나 (훌륭한) 연설가요 얼마나 큰(위대한) 사람이었던가!

3) 너는 언제 로마로 출발하니?

4) 그의 모친은 어디에 있는가?

5) 로마에서 집정관들은 얼마 동안 임무를 수행하였는가?

Lectio IV - Exercitatio   (품사론 p. 178~180)

1. 1) 각자는 자기의 것(재산)을 좋아한다. (quisque는 "각자, 각각"을 의미하는 미한정 대명사 주격)

2) 사령관은 각 병사에게 자기 위치를 지정해 주었다.

3) 4년마다 그리스인들은 올림픽을 거행하곤 하였다. (quoque는 "각자, 각각"을 의미하는 미한정 대명사 탈격)

4) 인간은 어떠한 알려진 재난도 버틸 수 있다. (quodque는 "각자, 마다, 어떤(무슨) ~이든지"를 의미하는 미한정 형용사 대격)

5) 각자는 자기한테 결코 이해받지 못했다. (sibi는 3인칭 대명사 여격. notus est는 nosco 동사의 수동태 직설법 단순과거 단수 3인칭)

6) 무엇이든지 재미있는 것이 훌륭한 것은 아니다. (재미있다고 해서 다 좋은 것은 아니라는 의미) (quidquid는 "누구든지, 무엇이든지"를 의미하는 미한정 대명사)

7) 무슨 약초이든지 인간들을 위해 자기 유용성을 가진다. (quaelibet는 "아무(어느, 무슨) ~든지"라는 의미의 미한정 대명사)

8) 선생님은 각 사람(개개인)의 공로에 따라 상을 주었다. (unius cuiusque는 '각 사람의'라는 의미로 여기에서 unus[m.]는 한 사람이라는 의미)

9) 자유국가에서는 어떤 시민이든지 폭넓은 권리가(들이) 있다. (cuivis는 "누구든지, 아무(어느) ~든지"라는 의미의 quivis 미한정 대명사의 남성 여격)

10) (너는) 누구를 기다리고 있었니? 누군가 문을 두드리고 있다. (quem은 의문대명사 quis의 남성, 여성 단수 대격. aliquis는 "어떤 것, 어떤 사람, 누가, 무엇"을 의미하는

미한정 대명사 남성, 여성 단수 주격)

11) (너는) 오늘 아무것도 하지 않았다. (quidquam, n. pron. (부정사 뒤에) 아무것도 아니)

12) 어떤 여인이 어떤 남자를 사랑한다. (quaedam은 quidam의 여성 단수 주격, quendam은 quidam의 남성 단수 대격. 대명사 quidam, quaedam, quiddam과 형용사 quidam, quaedam, quoddam은 "어떤, 모종의, 일종의"라는 의미)

13) 인간들은 진실보다는 오히려 생각의 어떤 선입견으로 [사물을] 판단한다. (aliquo는 aliqui, aliqua, aliquid 미한정 형용사의 중성 단수 탈격)

14) 사람들은 늘 무엇인가를 추구하고, 무언가를 열망한다. (aliquid는 aliquis, aliquid 미한정 대명사 중성 단수 대격. cupidus가 속격 요구 형용사이기 때문에 aliquis 미한정 대명사의 속격 alicuius를 사용)

15) 친구들한테서 무슨 혜택을 바라는 것은 온당하지 못하다.

16) 자신의 욕망이 각 사람을(각자를) 끌고 간다. (quemque는 quisque의 남성 단수 대격)

17) 사람마다(누구나) 자신의 고유한 악덕(악습)이 있다. (cuique는 quisque의 남성 여격)

18) 각 사람은 자기 운명의 창조자(제작자)다. (quisque는 남성 주격)

19) 남의 것이 우리 마음에 더 들고, 우리 것은 다른 사람들의 마음에 더 든다. (aliis는 alius, -a, -um의 복수 여격)

20) 가장 좋은 것은 매우 드물다. (최상급 형용사와 미한정 대명사 quidque가 결합하면 "더 훌륭한(우수한) 것", "가장 더 좋은 것"이라는 강조의 의미를 갖는다.)

Lectio V - Exercitatio   (품사론 p. 191)

1. 1) (내가) 편지를 주었던 소년은 빨리 올 것이다.

2) 도시 밖에 세워졌던 탑이 야만인들을 막았다.

3) (내가) 함께 걷고 있던 여인은 나의 어머니이다.

4) (우리는) 이름을 알 수 없는 배가 이탈리아로 항해하고 있다.

5) 자신들의 힘으로 여행을 하는 사람들은 강하다.

6) (네가) 가질 두려움은 곧 기억되지 않을 것이다.

7) (그들이) 향해서 달아나고 있던 강은 깊고 넓었다.

8) 그가 그곳에 대해 적은 마을은 도시에서 멀다.

9) 그가 가진 모든 것은 이제 모두 나의 것이다.

Pars 4

Lectio I - Exercitatio   (품사론 p. 206~208)

1. 제1활용 동사: amare 사랑하다, servare 보호하다, desiderare 원하다, cogitare 생각하다
   제2활용 동사: docere ~에게 가르치다, placere 마음에 들다, studere 공부하다, valere
   의미 있다, 잘 있다

2. 1) 그는 사랑한다. (현재 단수 3인칭)   2) 그들은 칭찬한다. (현재 복수 3인칭)
   3) 우리는 생각한다. (현재 복수 1인칭) 4) 너는 준다. (현재 단수 2인칭)
   5) 우리는 본다. (현재 복수 1인칭)   6) 너희는 본다. (현재 복수 2인칭)
   7) 나는 비난한다. (현재 단수 1인칭)   8) 그들은 공부한다. (현재 복수 3인칭)
   9) 너희는 충고한다. (현재 복수 2인칭)
   10) 너는 잘 있다; 너는 가치 있다. (현재 단수 2인칭)

3. 1) 만일 그들이 실수하면 그는 나를 충고한다.
   2) 만일 그들이 실수하면 우리는 너를 충고한다.
   3) 그들은 가끔 나를 불러 충고한다.
   4) 당신이 잘 있다면, 나도 잘 있다오.
   5) 만일 그가 나를 사랑한다면, 그는 나를 칭찬해야 한다. (debeo+inf. ~해야 한다)
   6) 너희는 무엇을 보느냐(보고 있느냐)? 우리는 아무것도 보지 못한다(보고 있지 않다).
   7) 우리는 무엇을 생각해야 합니까?
   8) 마르코는 늘 나를 보호한다(지켜 준다).
   9) 선생님이 학생들에게 라틴어를 가르친다. (doceo 동사는 이중 대격을 필요로 한다.)

4. 나의 여인은 나를 사랑하지 않는다. 잘 있으시오, 여인이여!
   카툴루스는 굳어 가고 있소. 시인은 여인을 사랑하지 않고, 여인의 아름다움을 찬양하지
   않으며, 여인에게 장미(장미들)를 주지 않으며, 여인에게 입 맞추지 않소! 나의 분노는
   크오! 나의 여인이여, 나는 굳어 가고 있소. 그러나 그대 없이 난 잘 있지 못하다오.

5. 매체나스와 베르질리우스가 오늘 나를 부른다. 나는 무엇을 생각해야 하는가? 나는 무엇
   을 대답해야 하는가? 만일 내가 실수한다면, 그들은 가끔 날 충고하고 비난한다. 만일
   내가 실수하지 않는다면, 그들은 날 칭찬한다. 난 오늘 무엇을 생각해야 하는가?

Lectio II - Exercitatio 1   (품사론 p. 213~214)

1. 1) 그들은 이(있)다. (현재 복수 3인칭)
   2) 우리는 이(있)다. (현재 복수 1인칭)
   3) 그/그녀/그것은 이(있)다. (현재 단수 3인칭)

4) 너희는 이(있)다. (현재 복수 2인칭)

5) 나는 일 것이다. (미래 단수 1인칭)

6) 너는 이었다. (단순과거 단수 2인칭)

2. 1) 1인칭 복수 현재; 우리는 한국 사람(남/여성)이다.

2) 3인칭 단수 현재; 베르질리우스는 시인이다.

3) 3인칭 복수 현재; 주인과 종은 친구가 아니다.

4) 3인칭 복수 현재; 금, 은과 납은 금속이다.

5) 3인칭 복수 현재; 집에 아버지, 어머니, 아들과 딸이 있다.

3. 1) Ego sum discipulus(discipula).

2) Agricola sum et terram amo.

3) (Nos) sumus discipuli sed saepe studium non amamus.

4) Viri in casa sunt.

4. 너는 예뻐, 우리는 알아, 그리고 소녀야, 사실이야(맞아), 그리고 또 너는 많은 재산을 가졌지. 물론 아무도 그것을 부인하진 않아. 그러나, 나의 친구야, 만일 네가 너를 지나치게 칭찬하면, 너는 예쁘지도 젊지도 않아!

|분석|

Pulchra(sg. f. nom.) es(2인칭 현재), scimus(1인칭 복수), et puella(sg. f. voc.), verum est, multasque(divitas 수식) habes(2인칭 현재) divitias(pl. f. acc): nullus(vir 수식) enim vir(sg. m. nom.) id(sg. n. acc.) negat(3인칭 현재). Sed, amica mea(sg. f. voc.), si te(너 스스로) nimium laudas(2인칭 단수), nec pulchra nec puella es!

Lectio II - Exercitatio 2   (품사론 p. 216~217)

1. 1) 너희는 할 수 있다. (직설법 현재 복수 2인칭)

2) 그들은 할 수 있다. (직설법 현재 복수 3인칭)

3) 너는 할 수 있을 것이다. (직설법 미래 단수 2인칭)

4) 그들은 할 수 있을 것이다. (직설법 미래 복수 3인칭)

5) 나는 할 수 있었다. (직설법 미완료 단수 1인칭)

6) 우리는 할 수 있었다. (직설법 미완료 복수 1인칭)

2. 1) Studere bene possum.   2) Laborare bene potest.

　　N.B.   쪽 참조

3. 1) 우리는 여자 친구들을 기다릴 수 있다.

2) 사비디, 난 널 사랑하지 않아. 그래서 난 말할 수 없어. 난 오직 이것만을 말할 수

있어. 난 너를 사랑하지 않아.

3) 소녀는 빛나는 별들을 볼 수 없다. 왜? 눈이 멀어서.

4. 치체로, 『우정에 대하여』

소수의 사람들이 참 친구들을 가지며, 소수의 사람들이 가치 있다. 진정한 우정은 고귀하며, 고귀한 모든 것은 드물다. 어리석은 많은 사람들은 돈에 대해 늘 생각하며, 소수의 사람들이 우정에 대해 (생각한다). 그러나 그들은 실수한다. 우리는 많은 돈(들) 없이 잘 있을 수 있지만, 우리는 우정 없이 의미가 없으며 인생은 무의미하다.

|분석|

Cicero, *De Amicitia*

Pauci viri(m. pl. nom.) veros amicos(m. pl. acc.) habent, et pauci(adj.) sunt digni(nom.). Amicitia vera(f. sg. nom.) est praeclara, et omnia praeclara(n. pl. nom.) sunt rara. Multi viri stulti(m. pl. nom.) de pecunia(~에 대해서) semper cogitant, pauci de amicis(주어 viri와 동사 cogitant 생략); sed errant: possumus valere(inf. ~ 할 수 있다.) sine multa pecunia(~ 없이), sed sine amicitia non valemus et vita(f. sg. nom.) est nihil(f. sg. nom.).

Lectio III - Exercitatio   (품사론 p. 222~224)

1. 1) 그들은 전쟁을 알리고 있었다(알리곤 하였다). (직설법 미완료 복수 3인칭)

   2) 그는 도시로 다가갈 것이다. (직설법 미래 단수 3인칭)

   3) 그들은 미네르바 여신을 기다릴 것이다. (직설법 미래 복수 3인칭)

   4) 그는 사회의 정의를 해치고 있었다(해치곤 하였다). (직설법 미완료 단수 3인칭)

   5) 나는 물리학과 수학에 대해 설명해야(하곤) 하였다. (직설법 미완료 단수 1인칭)

2. 1) 우정은 즐겁고 이롭다.

   2) 실수하는 것은 인간적이고, 용서하는 것은 신적인(신이 내려 준) 것이다.

   3) 실수하는 것은 헛된 일이다(헛되다).

   4) 너희는 낮에 밤을, 밤에 여명을 기다린다.

   5) 이것은 구법규에 종속되고 복종될 것이다.

   6) 공기는 살아 있는 생명체들에게 생명의 숨결을 공급한다(불어넣는다).

3. 1) patr-em; 꼬마가 아버지한테 귀엽게 웃는다.

   2) discipul-i; 학생들은 방학을 간절히 기다릴 것이다(미래 복수 3인칭).

   3) agr-um; 툴리우스는 푸블리우스를 자기 밭으로 초대하곤 하였다(미완료 단수 3인칭).

   4) fundament-um; 정의의 결여(들은)는 토대(기초)를 파괴하고 파괴할 것이다.

4. 테르모필래

"우리 군대는 위대하오."라고 페르시아인이 말한다. "그리고 당신들은 우리 화살(들)의 수 때문에 하늘을 보지 못할 것이오." 그때에 스파르타인이 대답한다. "그러므로, 우리는 죽음의 그림자로 싸울 것이오!" 그리고 스파르타인들의 왕 레오니다스는 외친다. "스파르타인들이여, 혼(들)을 가지고 싸워라; 오늘 우리는 아마 죽음의 그림자들 사이에서 저녁을 먹게 될 것이다!"

|분석|

videbitis, 직설 능동태 미래 복수 2인칭; pugnabimus 직설 능동태 미래 복수 1인칭; pugnate, 명령법 복수 2인칭; cenabimus 직설 능동태 미래 복수 1인칭.

Lectio IV - Exercitatio 1　　　(품사론 p. 228~229)

1. 1) 현재 단수 2인칭; (너는) 항상 잘 행동한다.

2) 미래 복수 2인칭; (당신들은) 당신들의 자유들을 귀중히 여길(사랑할) 것입니다.

3) 현재 복수 3인칭; (그들은) 진실을 이야기한다.

4) 현재 복수 1인칭; (우리는) 너의 도움하에 산다.

5) 미완료 복수 1인칭; (우리는) 당신들의 책을 읽고 있었다.

6) 미래 단수 2인칭; (너는) 진정한 지혜를 알 것이다.

7) 미래 단수 1인칭; (나는) 아들에게 편지를 남길 것이다.

8) 미완료 복수 1인칭; (우리는) 사기가 아니라, 능력으로 이겼었다.

9) 미완료 복수 1인칭; (우리는) 그때 도시에 살고 있었다.

10) 현재 복수 1인칭; (우리는) 너의 편지를 큰 기쁨과 함께(매우 기쁘게) 읽는다.

11) 명령법 현재 2인칭 복수; 돈과 명예의 욕심으로부터 벗어나라!

12) 부정법 현재; 삶은 사는 것이 아니라 잘 지내는 것이다(가치 있게 지내는 것이다).

Lectio IV - Exercitatio 2　　　(품사론 p. 231~232)

1. 1) 현재 복수 3인칭; 많은 사람들이 돈에 복종한다.

2) 명령 복수 2인칭; 너희는 진리에 순종하라.

3) 현재 복수 1인칭; 우리는 많은 것을 알지 못한다.

4) 직설법 미래 복수 1인칭; 우리는 공부를 마칠 것이다(끝낼 것이다).

5) 미완료 단수 3인칭; 판사가 시민들을 위하여 소송을 듣고 있었다(심리하고 있었다).

6) 직설법 현재 복수 1인칭; 우리는 미래의 일들을 모른다.

7) 직설법 미래 단수 3인칭; 시간이 너희의 고통(아픔)을 달래 줄 것이다. (세월이 약이라는 의미)

8) 직설법 현재 복수 1인칭; 우리는 기억하는 만큼 그만큼 안다.

9) 직설법 현재 복수 1인칭; 우리는 아는 만큼 그만큼 본다. (아는 만큼 본다는 의미)

Lectio V - Exercitatio　　　　(품사론 p. 237~238)

1. 1) 아무도 폭력적인 정권들을 오랫동안 유지하지 못하였다. (continuo 단순과거 단수 3인칭)

2) 철학은 라틴 문학들의 빛을 하나도 갖지 못하였다. (habeo 단순과거 단수 3인칭)

3) 늘 나는 로마 백성을 평화 시나 전시에나 보살폈(존중하였)다. (colo 단순과거 단수 1인칭)

4) 너희는 게으른 학생들을 책망하였다. (vitupero 단순과거 복수 2인칭)

5) 내가 했다, 그러나 나는 정당하게 했다. (facio 단순과거 단수 1인칭)

6) 나의 정신이 회복하였고 즉시 용기가 생겼다. "나의 정신이 돌아오자 즉시 용기가 생겼다."라는 의미. (convalesce, venio 단순과거 단수 3인칭)

7) 풍족함이 보잘것없는 나를 만들었다. (facio 단순과거 3인칭)

8) 나는 존재하였고 지금은 존재하지 않는다. 아무도 불사하지 않는다(아무도 죽지 않는 것은 없다). 나그네여, 죽음을 생각하라!

2. 국가는 적합한 이유 없이 그리고 분노 때문에 전쟁을 일으켜서는 안 된다. 만일 우리가 우리 백성의 재산과 토지(들) 그리고 생명(들)을 전쟁 없이 방어할 수 있다면, 그렇다면 우리는 평화를 수호해야 할 것이다. 그러나 만일 우리가 전쟁 없이 우리 조국과 자유를 보호할 수 없다면, 전쟁이 필요할 것이다. 하지만 우리는 늘 전쟁에 중요한 명분을, 그리고 승리 뒤에는 엄청난 관용을 보여 주어야 한다.

Lectio VI - Exercitatio　　　　(품사론 p. 245~248)

1. 1) 너는 친구로부터 사랑받는다. (수동 직설 현재 단수 2인칭)

2) 선한 사람(선인)들은 선한 사람들로부터 사랑받는다. (수동 직설 현재 복수 3인칭)

3) 악인은 선한 사람들로부터 결코 칭찬받지 못할 것이다. (수동 직설 미래 단수 3인칭)

4) 학생들은 선생님들로부터 교육받을 것이다. (수동 직설 미래 복수 3인칭)

5) 악인은 악인들로부터 칭찬받고, 선인은 선인들로부터 칭찬받는다. (수동 직설 현재 단수 3인칭)

6) 지금은 너희가 많은 친구들로부터 칭찬받지만, 전에는 비난(책망)받곤 하였다. (수동 직설 미완료 복수 2인칭)

7) 암탉들이 독수리에 의해(독수리로부터) 위협받는다. (수동 직설 현재 복수 3인칭)

8) 학생들이 선생님들로부터 훈련받는다. (수동 직설 현재 복수 3인칭)

9) 모든 어려움(난관들)은 근면함으로 극복된다. (수동 직설 현재 복수 3인칭)

10) 덕도 지혜도 돈으로 살 수 없다. (수동 직설 현재 단수 3인칭)

11) 만일 훈련받지 않으면, 기억은 줄어들게 된다. (수동 직설 현재 단수 3인칭)

12) 책들은 사는 것뿐만 아니라, 읽혀야 한다. (직역: 책은 구매되는 것뿐만 아니라, 읽혀야 한다.)

13) 곡물들이 상인들로부터 팔리곤 하였다. (수동 직설 미완료 복수 3인칭)

14) 우리의 인생은 죽음으로 마치게 될 것이다. (수동 직설 미래 단수 3인칭)

15) 모든 아픔(들)은 죽음으로 끝나게 될 것이다. (수동 직설 미래 복수 3인칭)

16) 만일 네가 죄를 지었다면, 너는 처벌을 받아야 한다. (peccavisti: 능동 직설 단순과거 단수 2인칭)

2. 1) 우리 도시는 전쟁으로 황폐화되었는데, 이제 건물들이 주민들에 의해 건설된다(되고 있다). (vastatum est 수동 직설 단순과거 단수 3인칭, aedificantur 수동 직설 현재 복수 3인칭)

2) 해적들은 고소되어 처벌받았다. (수동 직설 단순과거 복수 3인칭)

3) 아버지는 자기 아들로부터 칭송받았다. (수동 직설 단순과거 단수 3인칭)

4) 게으른 종들은 주인으로부터 벌을 받았다. (수동 직설 단순과거 복수 3인칭)

5) 이 실수는 즉시 너에 의해 알려졌다. (수동 직설 단순과거 단수 3인칭)

6) 아름다운 소녀는 큰 돌에 부상당했었다(상처 입었었다). (수동 직설 과거완료 단수 3인칭)

7) 지체 없이 그들에게 도움(원조)이 주어졌다. (수동 직설 단순과거 단수 3인칭)

8) 우리 이웃의 아들이 개들한테 물렸다. (수동 직설 단순과거 단수 3인칭)

Lectio VII - Exercitatio 1   (품사론 p. 258)

1. 1) 너는 학교에서 장난치고 있었는데, 그래서 선생님이 너를 충고했다. (jocor 직설법 미완료 단수 2인칭, hortor 직설법 단순과거 단수 3인칭)

2) 법이 시민들을 보호하고, 정무관이 법을 보호한다. (tueor 직설법 현재 단수 3인칭)

3) 말하는 것 다르고, 생각하는 것 다른 것은 추하다. (loquor 부정법 현재; aliter ~, aliter ~ 달리, ~ 달리; loqui와 cogitare는 모두 단순 부정사문)

4) 아무도 거짓말로 참 명예를 얻지 못한다. (mentior 동명사 탈격)

5) 군인들이 전리품을 서로 나누었다. (partior 직설법 단순과거 복수 3인칭)

Lectio VII - Exercitatio 2   (품사론 p. 261~262)

1. 1) 로마인들은 개선 행진으로 승리를 축하하곤 하였다.

   2) 도대체 누가 행운의 지속을 믿었단 말인가?

   3) (나는) 너 하나만을 믿고 있었다. 결코 너보다 더 믿지 않았었다.

   4) (나는) 네가 곧 돌아오리라는 것을 믿는다. (reversurum esse는 부정법 미래)

   5) (나는) 이 일(들)을 마쳤던 것을 기뻐했고 기뻐한다. (perfecta esse는 perficio 동사의
      수동태 부정법 과거)

   6) 재판관들이여, 감히 고소인이 그러했듯이, 나도 감히 여러분을 독려합니다.

   7) (자기) 업적들의 명성을 믿은 캐사르는, 자신에게 모든 장소들이 안전하다고 생각하곤
      하였다. (캐사르가 암살된 또 다른 원인이기도 함)

제2권 구문론

Pars 2

Lectio I - Exercitatio   (구문론 p. 43~45)

1. 1) 성문의 경비병들은 늘 정신 차리고 있을지어다!

   2) 신의가 있는 친구는 죽음에까지(일지어다)!

   3) 학생들은 늘 근면할지어다!

   4) 친구들이여, 화목할지어다!

   5) 그러므로 (너희는) 뱀처럼 슬기롭고, 비둘기처럼 양순하여라!

   6) 너 아프니? 아니. 너는 늘 명랑하여라!

2. 1) 내가 묻는 것이나 말해라! (내가 묻는 거나 말해!)

   2) 좋은 학생들이여, 학문(지혜)을 사랑하여라!

   3) 학생들이여, 학교의 규칙들을 잘 지켜라!

   4) 친구여, 내게 재미있는 동화를 이야기해라!

   5) 거짓말하지 마라. (ne + 접속법 현재: 권고성 금지 명령문)

   6) 쓸데없는 핑계들을 대지 마시오. (조동사 noli, nolite + 부정사: 완곡한 금지 명령)

   7) 공화국의 안전을 위해 죽음을 두려워하지 맙시다.

   8) 여러분이 우리에게 가장 귀중한 존재임을 아시오. (scitote는 scio 동사의 명령법 미래
      복수 2인칭; carissimos는 형용사 "carus, -a, -um, adj. 귀중한"의 최상급; 부정법 참조)

   9) 어려운 것들을 바라지 맙시다.

Lectio II - Exercitatio   (구문론 p. 56~58)

1. 1) 나는 집에서 나가고 싶다.

   2) 공부하지 않고 아무도 학자가 될 수 없다.

   3) 우리는 진리에 복종해야 한다. ("우리는 진리에 귀 기울여야 한다."는 의미)

   4) 남편은 부인이 집으로 갔었다고 알고 있었다.

   5) 나는 모든 사람들이 조국을 방어해야 한다고 생각한다.

   6) 술 마시는 것은 인간적이다. 그러니 자 마시자!

2. 1) (나는) 모든 시민들은 조국을 수호해야 한다고 생각한다. (이 문장을 수동태 용장활용문
      으로 바꾸면 다음과 같다. "Puto patriam defendenda esse omnibus civibus.")

   2) 그 여인은 단지 고통을 겪기 위해 태어났다고 믿고 있었다.

   3) 남자는 결혼하고 싶다고 말했다.

   4) (나는) 그가 왜 돌아왔는지 모른다.

   5) 나의 어머니는 밤에 산책하는 것은 위험하다고 말한다.

   6) (나는) 그가 생각을 바꿀 것이라고 생각한다.

   7) (나는) 그가 그 여인(소녀)을 많이 사랑했다는 것을 안다.

   8) (나는) 네가 상을 받을 만한 자격이 있다고 생각한다. (mereor 동사의 부정사를 썼음)

   9) 선생님은 학생들이 역사를 읽었다고 생각하고 있었다.

   10) 남편은 아내가 집에 갔다고 알고 있었다. (ivisse[=isse]는 eo 동사의 부정법 과거)

   11) 아테네 사람들이 빠른 배들을 사용한다는 것은 주지의 사실이다.

   12) (나는) 그가 신중하게 말했다고 생각한다. (locutum esse는 탈형동사 loquor의 부정법
      과거이다. "cum+태도" ~하게)

Lectio IV - Exercitatio   (구문론 p. 93~94)

1. 1) 믿는, 믿으면서   2) 사용하는, 쓰면서

   3) 두려워하는, 경외하면서   4) 막 오려 하는

   5) 약탈하는, 강탈한, 약탈된, 강탈된   6) 시험한, 경험한, 시도된, 경험된

   7) 선서한, 맹세한   8) 가지고 있는

2. 1) 막 도착하려는 남자들   2) 사로잡힌 도시들

   3) 지어진 성전   4) 비난받을 그들

3. 1) amantes(m. pl. nom 현재분사); 조국을 사랑하는 좋은 시민들

   2) utentem(m. sg. acc. 현재분사); 이성을 사용하는 인간을

   3) imperans(f. sg. nom. 현재분사), prohibens(f. sg. nom. 현재분사); 법이란 정직한 것은

하도록 명하고 그와 반대되는 것은 금하는 올바른 이성(규칙)이다.

4) positam(f. sg. acc. 과거분사); 그는 방석에 놓인 편지를 들어 읽었다.

4. 1) 죽음 뒤에도 행복할 수 있다면 무엇을 두려워하랴? (futurus, -a, -um은 sum 동사의 미래분사, timeam은 timeo 동사의 접속법 현재 단수 1인칭)

2) 우리 모두는 죽게 마련이다. 그러니 즐기자! (morituri sumus는 능동태 용장활용 직설법 현재 복수 1인칭, gaudeamus는 gaudeo 동사의 접속법 현재 복수 1인칭)

3) 쉬피오(스키피오)는 L. 푸리오가 갑자기 오는 것을 바라보았다. (venientem은 venio 동사의 현재분사 단수 대격)

4) 나는 이 집(들)에서 나가고 있는 여인을 보았다. (hisce는 지시대명사 hic, haec, hoc에 접미어 -ce를 붙여서 단어의 뜻을 강조하거나 문구를 아름답게 하기 위해 사용)

5) 너는 내가 종종 여인들의 사치(들)에 대해 불평하는 것을 들었다. (querentem은 queror 동사의 현재분사 단수 대격)

6) 결정해야 한다면, 전쟁이 끝났으므로, 나는 군대들을 떠나게 해야 한다고 생각한다. ("bello confecto"는 자립분사구문이다. "Lectio IV. III. 독립분사구문" 참조. fieri는 facio 동사의 수동태 부정사 현재)

7) 부하들을 격려한 뒤, 캐사르는 전쟁을 하였다. (cohortatus는 cohortor 동사의 과거분사)

8) 이 소식(들)에 충격 받았기에, 캐사르는 두 개의 군단을 편성했다. (commotus는 commoveo 동사의 과거분사, duas는 duae의 대격으로 legiones[f. pl.]에 일치)

9) 스파르타의 소년들은 채찍(들)의 고통으로 갈기갈기 찢어질지언정 울지 않는다. (laniatus, -a, -um은 lanio 동사의 과거분사)

10) 우리가 나머지 도시를 점령하였지만, 그들은 요새를 지켰다.

11) 우리가 이겼다면, 육지나 바다로 도피가 허락되지 않았을 것이다. (제3변화 중성명사는 단수 탈격이 mare 또는 mari가 된다. dabatur는 do 동사의 수동태 직설법 미완료 단수 3인칭, victis는 vinco 동사의 과거분사)

12) 갈리아 전쟁은 캐사르 황제하에 하였다.

5. 1) Erat facile vincere non repugnantes. (Cic.) (repugnantes는 repugno 동사의 현재분사 복수 대격)

2) Male parta male dilabuntur. (Cic.) (parta는 pario 동사의 과거분사의 중성 복수 주격, dilabuntur는 직설법 현재 복수 3인칭)

3) Boreas flante ne arato. (Plin.) (arato는 aro 동사의 명령법 미래 단수 2인칭)

4) Hannibal profectus est nullo resistente. (Nep. Hann. 5, 1) (profectus est는 proficiscor

의 직설법 단순과거 단수 3인칭)

Lectio V - Exercitatio   (구문론 p. 115~116)

1. 1) 싸우는 것에, 싸움에(dat.)/싸우는 것으로, 싸움으로(abl.)

   2) 공부하기 위해(acc.)

   3) 읽는 것에, 읽음에(dat.)/읽음으로, 읽는 것으로(abl.)

   4) 지키는 것의, 지킬(gen.)

2. 1) Oppidum servandum est. 도시는 지켜져야 한다.

   2) Veritas quaerenda est. 진리는 추구되어야 한다.

   3) Magistris oboediendum est a discipulis. 학생들은 선생님들에게 순종해야 한다.

3. 1) 너희끼리 싸울 때가 아니다.

   2) 사랑의 기술

   3) (그는) 자기 자식들을 가르치는 데 열중이다.

   4) 적들에게서 도시를 점령하려는 바람이 사라졌다. (hostibus는 hostis 명사의 복수 탈격;
      potiendi는 potior 동사의 동형사; discessit는 discedo 동사의 단순과거 단수 3인칭)

   5) 그는 부탁하러 간다(갔다).

   6) 갈리아 사람들은 도움을 청하기 위해 사절들을 보낸다.

   7) 나는 보고 들으러 왔다.

Lectio VI - Exercitatio   (구문론 p. 132~134)

1. 1) 운명이 가져다주는 것을, 짊어져라!

   2) 승리와 함께 참아 받아야 하는 것은 고통 없는 상처이다. (ferendum est는 수동태
      용장활용문)

   3) 소년은 고통을 참을 수 없었다.

   4) 인간은 우정보다 돈을 더 좋아한다. (A[acc.] praeferre B[dat.] A를 B보다 더 좋아하다,
      앞세우다, 좋게 여기다)

   5) 부(富)보다는 덕(德)을 더 좋게 여겨라! (praefer는 praefero 동사의 명령법 단수)

   6) (너) 어디로 가니?

   7) (나는) 내일 바다를 건너 사르데냐 (섬으)로 가야 한다.

   8) 시간과 날들, 달과 해는 지나가 버리고, 지나간 시간은 결코 돌아오지 않는다.

   9) 자신도 다른 사람도 돌보지 못하는 사람들은 멸시받는다. (ii는 is 대명사의 남성 복수
      주격, qui는 관계대명사 남성 복수 주격)

10) 무덤은 로마인들에게 신성한 장소가 된다.

11) (나는) 고통과 눈물로 지친다. 이제 나는 아무 말도 할 수 없다. (conficior는 conficio 동사의 수동태 직설법 현재 단수 1인칭)

12) 시민들의 감시에 의해 국가는 결코 흔들리지 않을 것이다.

13) 이 사람들은 돈을 가지고 있지 않지만, 일하기를 원하지 않는다.

14) (그는) 평화를 원한다고 말했지만, 전쟁을 더 원했다. (이 문장은 부정사문이다. 좀 더 알기 쉽게 쓰면 "Dixit se pacem velle, sed..."이다.)

15) 판단하지 마라, 그러면 너희도 판단 받지 않을 것이다. 단죄하지 마라, 그러면 너희도 단죄 받지 않을 것이다. 용서하여라, 그러면 너희도 용서받을 것이다. (iudicabimini는 iudico 동사의 수동태 iudicor 동사의 직설법 미래 복수 2인칭)

16) 가장 올바른 것, 그것을 우리는 가장 최선으로 생각한다. 우리가 바라는 것을 희망하자. 하지만 (우리에게) 닥쳐올 것들을 견뎌 내자. (accesserit는 accedo 동사의 직설법 미래완료. feramus는 fero 동사의 접속법 현재 복수 1인칭)

17) 그래 (너) 뭐 하고 싶니? 먹고 싶다. (esse는 edo 동사의 부정법 현재)

18) 먹고 마시는 것이 즐거운 일이다(즐겁다).

19) 그의 영혼은 욕망에 잠식당하고 있다. (comeditur는 comedo 동사의 수동태 직설법 현재 단수 3인칭)

Lectio VII - Exercitatio　　　(구문론 p. 144~145)

1. 1) (그들이) 두려워하는 한, (그들이) 미워하게 놔둬라. (oderint는 odi 동사의 직설법 미래완료 복수 3인칭. metuant는 metuo 동사의 접속법 현재 복수 3인칭. dum은 일반적으로 직설법 동사를 사용하나, 접속법 동사를 사용할 경우에는 기대나 이유, 목적과 희망들을 표현한다.)

   2) 시작한 사람은 절반을 한 셈이다(시작이 반이다). 맛을 아는 데(맛 들이는 데) 용기를 내라. 시작하라! (habeo 동사가 과거분사와 함께 사용할 경우에는 이미 한 행위의 상태를 강조하기 위한 용법으로 쓰인다. 그 의미는 "가지다, 의미하다, 의도하다" 등으로 옮길 수 있다. aude는 audeo 동사의 명령법 현재 단수 2인칭. incipe는 incipio 동사의 명령법 현재 단수 2인칭)

   3) (사람은) 칭찬하고 존경하는 것보다, 누군가 조소하는 그것을 더 빨리 배우고 응당(더 기꺼이) 기억한다. (libentius는 libens 형용사의 비교급)

   4) 로마 민족은 개인적인 사치를 미워하고 공공의 (대규모 시설의) 웅장함을 좋아한다.

   5) 견뎌 내기 힘들었던 일을 기억하는 것은 즐겁다. (quae는 관계대명사의 중성 복수

대격)

6) 모든 원인들을 철저히 아는 것이 가장 많은 도움이 된다.

7) 그러나 최하층의 사람들에 대해서도 정의는 지켜져야 한다는 것을 우리는 기억해야
   한다. (meminerimus는 memini 동사의 접속법 과거 복수 1인칭)

8) 누가 그것을 말하는가(주장하는가)? 누가 보았는가?

9) "다윗, 이게 사실이야?" "사실이야." "아, 너는 무엇을 말하니?"

10) 너 오늘 결혼하니? 그렇게들 말하는데(남들이 그런다).

Lectio VIII - Exercitatio   (구문론 p. 154~155)

1. 1) 이미 저녁이 되어, 우리는 집으로 서둘러 간다.

   2) 올해 산에는 비가 많이 오고, 눈이 적게 왔다고 (말)한다.

   3) 우박이 오고 번개가 친다.

   4) 이따금 맑은 하늘에서도 천둥이 친다.

   5) 저 여자는 눈에서 빛이 난다.

   6) 나는 나의 어리석음을 싫어할 뿐만 아니라, 부끄러워한다. (심경을 나타내는 비인칭동
      사는 의미상의 주어를 대격으로, 심경의 대상은 속격으로 표현한다.)

   7) 너는 다른 사람들을 불쌍히 여기지만, 너 자신을 불쌍히도 부끄러워하지도 않는다.
      (속격을 요구하는 동사의 속격 목적어가 인칭대명사일 경우 mei, tui, sui, nostri, vestri,
      sui를 쓴다.)

   8) 우리는 우리보다 오히려 더 그들을 불쌍히 여긴다.

   9) 나에게 전혀 중요하지 않다. [interest, refert 동사는 "~에게" 중요하거나 관계되는
      것이 1·2인칭 대명사일 경우 여성 소유대명사 탈격 형태(mea, tua, nostra, vestra)를
      취한다.]

   10) 네가 잘 있(지내)는 것이 내게 가장 중요하다.